Manitoba

Sous la direction de Bernard Deforge
et Laurent Acharian

POUR QUE VOTRE RETRAITE SOIT UN SUCCÈS !

Les trois mois qui comptent

AUTRES OUVRAGES DE L'AUTEUR

À chacun sa propre entreprise performante avec Rémy Gagné, Jean-Louis Langevin, Dominique Sartori, Maurice Castagné, Publi-Union 1988.

10 conseils pour animer une réunion, Publi-Union 1990.

Audit financier, sous la direction de l'auteur, Publi-Union 1993.

Audit financier et contrôle de gestion, sous la direction de l'auteur et de Marie-Christine Labrousse, Publi-Union 1997.

JEAN-EMMANUEL COMBES

POUR QUE VOTRE RETRAITE SOIT UN SUCCÈS !

Les trois mois qui comptent

PARIS

MANITOBA / LES BELLES LETTRES

2011

Pour consulter notre catalogue
et découvrir nos nouveautés
www.lesbelleslettres.com

ISBN : 978-2-251-44422-2

Remerciements

Ce livre doit beaucoup aux contributions de Bertrand Collomb et de Pierre-Henri Tavoillot, qui ont accepté de l'enrichir de leur réflexion générale sur la retraite, à Laurent Acharian et à Bernard Deforge, qui m'ont accompagné de leurs conseils tout au long de sa rédaction et m'ont ouvert les portes des Belles Lettres, à Marie-Christine, Jacques-Étienne, Bernard, Jean-François, Jean, Philippe et tous ceux dont les témoignages et les expériences m'ont permis d'incarner ces pages, et à Sylvie, mon épouse, qui a créé l'ambiance nécessaire pour relever le défi. À vous tous, un très grand merci.

SOMMAIRE

RÉFLEXION INITIALE

Ce livre a vocation à être votre guide dans l'action.

Il vous propose avant tout une approche simple, qui débouche, si le principe vous en agrée, sur la mise en œuvre de votre projet de retraite.

L'élaboration progressive de votre plan d'action est nourrie par le partage d'expérience, pour inspirer votre propre ligne de conduite, votre propre itinéraire.

Ce livre part du principe que la retraite constitue un nouveau départ dans la vie, dont il ne faut pas manquer le déclenchement.

La concentration ultime sur l'objectif de réussite doit être un temps court : les trois derniers mois de la vie active, que nous nommerons « les cent jours » par commodité, doivent permettre, si on les utilise bien, de mettre toutes les chances de son côté.

C'est le pari de ce livre que de vous aider à profiter au mieux de ces cent jours pour préparer votre retraite avec succès.

L'opérationnalité de la démarche proposée ne doit pas nous empêcher de garder de la hauteur de vue. C'est pourquoi, avant que nous ne devenions très concret dès les premiers chapitres de cet ouvrage, nous vous proposons de partager les réflexions générales sur la retraite de deux personnalités, Bertrand Collomb et Pierre-Henri Tavoillot, qui pourront nous servir de référence, de ligne de mire, tout au long de l'exercice que nous déploierons dans les pages suivantes.

AUTREMENT

Bertrand Collomb, de l'Institut*

Comme beaucoup de retraités que je rencontre, j'ai actuellement une vie assez occupée, et mon épouse me demande parfois si j'ai vraiment pris ma retraite ! Il est vrai que cela ressemble peut-être un peu à une deuxième vie active, mais dans un contexte profondément différent. Ces deux périodes ne se ressemblent pas, et chacun doit être lucide sur les défis à relever pour vivre sa retraite avec confiance et optimisme.

Il y a d'abord, dans mon cas, une apparente continuité. Après avoir dirigé Lafarge pendant quatorze années, puis l'avoir présidé pendant quatre ans, j'en suis encore administrateur, et j'y ai toujours un bureau. Je suis personnellement très heureux de

* *Bertrand Collomb est aujourd'hui président d'honneur de Lafarge, administrateur de sociétés, et président de différentes organisations à but non lucratif.*

pouvoir, comme un simple administrateur, accompagner mon successeur et continuer à participer à la vie du groupe. Mais cela pourrait être très difficile à vivre pour certains, toujours inquiets que d'autres ne traitent pas les problèmes aussi bien qu'ils l'auraient fait eux-mêmes, ou trop intoxiqués par les honneurs et l'attention portée au patron ! Lorsqu'on est le patron d'une grande entreprise, il ne faut jamais oublier que c'est à la fonction, non à la personne, que vont les colifichets de la gloire et du succès. L'ancien patron retraité doit savoir rentrer dans le rang sans regret ou amertume, en établissant des relations personnelles détendues et confiantes avec ses anciens collaborateurs et ceux qui lui ont succédé. S'il n'en est pas capable, il vaut mieux pour lui s'éloigner... Mais pour moi, c'est une grande satisfaction de voir le groupe Lafarge continuer son aventure, à travers des périodes qui ne sont pas toujours faciles, mais en conservant son âme et son ambition. Et la grande différence, bien sûr, est l'absence de la pression extraordinaire qui pèse, à chaque instant, sur celui qui a la responsabilité ultime.

Mais la retraite, c'est aussi pour moi la possibilité d'avoir des activités différentes.

D'abord, selon l'expression de mon prédécesseur Olivier Lecerf, qui avait quitté la direction de Lafarge après quinze ans d'exercice, et alors qu'il avait seulement 60 ans, « rendre à la société une partie de ce qu'elle vous a donné ». Lorsqu'on a eu comme moi la chance de vivre une vie à la fois intense et privilégiée, il n'est que juste de mettre l'expérience et les compétences que l'on a pu accumuler au service de causes qui le méritent et d'organisations qui en ont besoin. Je suis toujours admiratif de tout ce qui est fait par des bénévoles, dans une société devenue plus dure, et où un flux incessant d'information et de communication se conjugue souvent avec beaucoup de détresse et de solitude. Porter secours en écoutant ceux qui souffrent et aider les jeunes en difficulté sont ainsi deux domaines où j'ai l'occasion, je l'espère, d'être un peu utile.

Dans le même ordre d'idée, la retraite me donne le temps de raconter et de partager ce que j'ai fait d'intéressant dans ma vie, d'une façon simple et concrète, et ainsi d'en faire bénéficier les autres... Tout naturellement, j'aime bien parler de Lafarge, de mon expérience de chef d'entreprise, qui a traversé des périodes fastes et d'autres plus difficiles, et du regard que cela m'a permis de porter sur l'économie, la finance, et le monde. J'ai constaté, avec une certaine surprise au début, que ce genre d'échange générait beaucoup d'intérêt. Que cela soit vis-à-vis des jeunes, désireux d'apprendre de l'expérience des autres même s'ils veulent aussi trouver eux-mêmes leur chemin, ou vis-à-vis des moins jeunes, pour qui la confrontation d'expériences différentes est source d'enrichissement intellectuel.

La retraite permet de passer d'un emploi du temps dicté par la pression opérationnelle à celui qu'on organise en fonction de ses intérêts personnels : c'est donc aussi une période où l'on peut élargir son champ de vision, après une vie ou l'horizon est trop souvent limité aux impératifs professionnels. En allant dans ce sens j'ai écrit, avec Michel Drancourt, un livre fondé sur mon expérience d'entreprise, mais qui élargit le débat à l'évolution du capitalisme après la crise financière, et au rôle que l'entreprise humaniste et responsable peut y jouer [1]. J'ai d'ailleurs découvert à cette occasion qu'écrire demande une grande discipline, pour trouver les moments de concentration, dans une vie où on a toujours la tentation de l'éparpillement. Et si Michel Drancourt, qui a à son actif de très nombreux ouvrages, ne m'avait pas forcé à cette discipline, le livre serait encore en chantier !

Cet élargissement de la vision, pour être vraiment efficace, doit être préparé. Celui qui aura cultivé, surtout dans les années de maturité, des intérêts plus divers, et aura abordé des questions plus larges, sera mieux armé pour aborder, une fois retraité, de nouveaux horizons ou des champs d'intérêts différents. Il y a toujours, même dans une vie professionnelle intense, des occasions de s'instruire sur

1. Bertrand Collomb et Michel Drancourt, *Plaidoyer pour l'entreprise*, François Bourin éditeur, 2010.

des sujets différents, en fréquentant des conférences internationales, des réunions thématiques, voire des conférencces de culture générale. J'ai toujours eu pour principe, pendant ma vie active, de consacrer 10 à 15 % de mon temps à des activités externes à l'entreprise, qui étaient utiles à l'entreprise parce qu'elles élargissaient ma vision du monde. J'ai en particulier mis l'accent sur celles qui permettaient une ouverture internationale : le Forum de Davos, ou la Commission Trilatérale, qui réunit Européens, Américains et Japonais, par exemple.

L'activité intellectuelle est celle que l'on peut pousser le plus loin quand on a le temps. J'ai connu un de mes anciens patrons, qui, bloqué dans une chaise roulante, est, grâce à Internet, devenu un expert de sujets scientifico-techniques qu'il n'avait pu qu'effleurer pendant son activité, mais qui le passionnaient. Je trouve personnellement, dans la recherche intellectuelle rigoureuse nécessitée par les communications académiques, beaucoup de satisfaction.

Et puis il y a les voyages ! Les voyages professionnels de 48 h à l'autre bout du monde sont éreintants, et donnaient à certains de mes anciens collègues l'horreur de voyager. Ce n'était pas mon cas, car j'ai toujours aimé découvrir le monde, et je voyageais aussi pendant mes vacances, dans les déserts ou les coins reculés de l'Afrique ou de l'Asie. Mais le voyage détendu où l'on prend le temps de sortir des sentiers battus est un des plus grands plaisirs du retraité !

En même temps, dans toutes ses activités, le retraité doit apprendre à faire seul, ou à tout faire, alors que les tâches étaient réparties dans l'univers professionnel. Savoir maîtriser communication informatique, Internet et Ipad est certainement une bonne façon d'être indépendant. Mais le temps est disponible aussi pour les relations personnelles, conviviales et sans enjeu, et bien sûr les relations familiales. Il n'est pas besoin d'insister sur le plaisir qu'on peut prendre avec ses petits-enfants !

Enfin le sport, sans chercher la performance. Se promener à cheval dans la campagne ou en forêt est un plaisir qui m'est davantage permis maintenant.

Tout cela fait beaucoup d'opportunités, avec lesquelles on pourrait remplir plusieurs vies. Mes proches ont l'impression que je reste très « programmé », que j'ai encore un agenda très chargé. Je n'ai jamais conçu la retraite comme l'oisiveté ! Mais je me suis préparé à la décélération... Il y a des choses qu'on peut faire très tard... Le principal effet de l'âge est le ralentissement : on peut continuer à faire, mais on fait plus lentement... Attention à la perception des autres cependant : nous ne sommes pas tous en retraite et il faut respecter les actifs et leur emploi du temps !

LE RETRAITÉ
OU LE SAGE HYPERMODERNE

*Pierre-Henri Tavoillot**

Bienfaits de la médecine : nous restons vieux de plus en plus tard ; méfaits de l'économie : nous le devenons de plus en plus tôt. Notre époque est décidemment bien étrange qui a forgé ce nouvel âge de la vie : celui de la retraite, où l'on est « âgé sans être vieux ». Un âge d'or ? C'est l'opinion de près de 60 % des Français qui attendent avec impatience la petite cérémonie du départ : il y aura des chips et des cacahuètes, un petit kir, le discours du chef, les cadeaux – au choix : un transat, une Pléiade, une canne à pêche... – et puis les adieux. Commencera alors une nouvelle ère, au cours de laquelle, « bon pied bon œil » pour quelque temps encore, on pourra

* *Philosophe, professeur à la Sorbonne, Pierre-Henri Tavoillot est notamment l'auteur de* Philosophie des âges de la vie. Pourquoi grandir ? Pourquoi vieillir ?, *Hachette « Pluriel », 2008.*

rattraper le temps qui a été perdu dans la frénésie professionnelle. Tout alors redevient possible. Sorti du tourbillon de l'urgence, de la performance et des responsabilités imposées, on entre dans la catégorie, appréciée des festivals, du « hors compétition ». Certes, il va falloir lutter contre l'ennui et le sentiment d'inutilité ; sans doute faudra-t-il aussi s'occuper des vieux parents et des petits-enfants ; peut-être que le montant des pensions ne sera pas aussi haut que prévu ; mais s'ouvre devant nous une nouvelle vie, où l'on sera actif par choix et par plaisir, libéré des obligations statutaires, pour trouver le temps de penser à soi.

Inventée pour être un « secours » contre l'indigence sénile et un (bref) repos après une (longue) vie de labeur, la retraite est devenue, dans le giron de l'État-providence et en dépit de tous les problèmes de financement, une sorte de droit à l'épanouissement personnel. Elle renoue ainsi avec le sens originel du terme, ou plutôt avec les deux sens ; car, depuis la fin de l'Antiquité, deux modèles de retraite sont en concurrence.

Il y a, d'un côté, la retraite cicéronienne, défendue et illustrée dans le traité *De la vieillesse*, qui présente un vieillard énergique, débordant d'activité, sage et dynamique à la fois. Car le vieillard, dit Cicéron, s'il possède une bonne nature (et de bons revenus), sait se débarrasser des passions inutiles : il « fait plus et mieux » que le jeune. De l'autre côté, nous avons la retraite augustinienne, qui s'envisage au contraire comme un retrait du monde et de ses vanités. Loin de continuer la vie normale, elle marque l'amorce d'une nouvelle carrière, en laquelle le chrétien doit dépasser l'homme, et dont la finalité exclusive est de travailler à son salut.

Notre idéal contemporain de la retraite représente une sorte de motion de synthèse de ces deux traditions. De Cicéron, nous reprendrions volontiers l'image du retraité actif – qui « n'a jamais été aussi occupé ! » –, mais sans toutefois la conception aristocratique qu'elle véhiculait, celle d'une élite éloignée des soucis de la vie laborieuse. De Saint Augustin, nous garderions sans doute l'idéal du retrait d'un univers focalisé sur la productivité, la performance et la consommation, mais sans forcément connecter la quête du salut à la foi chrétienne. Un Cicéron démocrate, doublé d'un Augustin laïc : telle est la figure rêvée du retraité d'aujourd'hui...

Mais ce qui a changé de nos jours par rapport à ces modèles, c'est le rapport au travail. Il est devenu dans nos sociétés le principal facteur d'identité. Comment, lorsqu'il cesse, se présenter aux autres ? Faut-il dire « ancien de La Poste », « ancien PDG » ? Les nouveaux retraités ont bien du mal à se définir dans le présent. A ce premier problème s'ajoute celui de l'emploi du temps. Pour les cadres notamment, la carrière se termine au sommet. Sommet de la responsabilité, du pouvoir, de l'occupation : comment gérer son agenda quand tout cela s'arrête et, qui plus est, brutalement ? Finis les réunions, les déjeuners, les décisions... La désaccoutumance à la drogue d'un emploi du temps bien rempli et tout prévu n'a rien d'aisé.

Comment anticiper cette double cassure de l'identité et de la temporalité ? Les solutions sont multiples : prévoir une décélération de carrière avant la fin ; investir dans la famille et les petits-enfants ; projeter une autre activité pour après. C'est ainsi que l'on peut interpréter une part du succès de l'auto-entreprenariat : il concerne des néo-retraités qui choisissent, par exemple, de transformer un hobby en activité professionnelle ou de poursuivre leur activité en libéral.

Pour finir sur une note d'optimisme, je vous invite à regarder les classements des personnalités préférées de Français que réalise régulièrement *Le Journal du Dimanche*. En tête, vous ne trouvez que des retraités. De l'abbé Pierre à Jacques Chirac et Simone Weil, en passant par Yannick Noah ! Les Français n'ont aucune confiance dans les gens qui sont encore en activité. On redoute les conflits d'intérêt, les conduites intéressées. Le retraité au contraire a une parole venue d'ailleurs. Il est au-dessus de la mêlée. Il représente finalement, dans une société qu'on dit jeuniste, une sorte de sage hypermoderne. Celui-là même manque à la société et aux entreprises. Car les entreprises auraient tout intérêt à s'appuyer davantage sur ces profils qui n'ont rien à gagner, qui sont hors concurrence et qui osent donner des conseils et parler au roi en toute indépendance.

INTRODUCTION

Le 30 juin 2010, je suis un des responsables internationaux de PricewaterhouseCoopers (pwc), un des plus grands cabinets d'audit et de conseil dans le monde, et président de l'Association des anciens de Sciences Po Paris ; le 1er juillet 2010, je prends mon congé de fin de carrière chez mon employeur, et fin septembre 2010, je cède la place à mon successeur à l'Association, dont je suis désormais président d'honneur... Bref au 1er octobre, je ne suis plus grand-chose d'autre que moi-même...

Battre en retraite ?

« Repli, non-activité, lieu dans lequel on se retire, éloignement... Fuir, battre en retraite » ! Lorsqu'on regarde le dictionnaire (nous avons pris au hasard d'Internet les définitions proposées par le *Dictionnaire de la langue française*, reproduites page 28) et qu'on médite un moment sur la définition du terme « retraite » et de ses synonymes les plus couramment cités, qui ont plutôt une connotation négative, l'anxiété nous envahit : il est urgent de trouver le sens positif et constructif que nous souhaitons donner à notre prochaine tranche de vie... Notre retraite doit être tout sauf une retraite...

Définition

retraite, nom féminin

Sens 1 : Repli **[Militaire]**. **Synonyme** évacuation. **Anglais** retreat

Sens 2 : Arrêt des activités professionnelles. **Synonyme** non-activité. **Anglais** *retirement*

Sens 3 : Pension versée pour cette cessation d'activités professionnelles. **Synonyme:** pension. **Anglais:** *retirement, pension*

Sens 4 : Lieu dans lequel on se retire.

Synonymes

asile	non-activité	repli
cloître	oasis	retrait
débandade	pension	tanière
éloignement	recueillement	thébaïde
évacuation	rente	

Expressions

battre en retraite

Sens : Se retirer, fuir, céder.

(Dictionnaire de la langue française)

Il existe par ailleurs un danger que nous devons éviter : chercher à reproduire ce qu'on est censé arrêter, en plus modeste, et à moindre revenu ! La retraite ne doit pas être une « recherche du temps perdu ». Il faut sortir du paradigme de la réussite liée au travail, à la compétition, surtout chez les hommes !

Réussir sa retraite ?

L'objectif de notre démarche est de favoriser la réussite du passage de la vie professionnelle, souvent intense, à une nouvelle vie, non professionnelle, active, plus calme par nature dans de nombreux cas, du statut lié à la vie professionnelle à un statut personnel...

Nous avons un parti pris : cette étape de la vie donne une très bonne occasion de « mobiliser son énergie », pour bâtir son projet, le partager et le lancer. Une troisième vie en quelque sorte ! C'est un moment privilégié pour tirer le maximum de nos potentialités, y compris celles que nous n'avons pas toujours eu le temps ou les moyens d'exploiter...

L'entrée en retraite constitue l'opportunité de profiter du temps retrouvé : le temps du savoir-vivre, après celui de la croissance (au sens organique du terme) et celui de la vie professionnelle, pour construire une nouvelle identité, un nouveau projet, une nouvelle vie... Une entrée à ne pas manquer !

Les cent jours à ne pas manquer !

Cent jours... Un peu plus d'un trimestre, terme symbolique en matière de retraite ! Un point final, un point d'ouverture, tout à fait essentiels quand on franchit le cap !

Ce n'est pas dans les cent derniers jours de sa vie active qu'on bâtit sa retraite... Mais c'est le moment de la mise en ordre de notre projet, de sa mise en mouvement. Il est capital de vérifier qu'on ne perd pas l'impact de tout ce qu'on a pu faire auparavant.

Notre parti pris est simple : il ne faut pas faire durer trop la réflexion initiale sur ce qu'on souhaite faire de sa retraite. Il ne faut pas non plus la bâcler. Je pense que la mise en forme d'ensemble de nos projets dans les cent jours qui précèdent le nouveau départ, avant de quitter la vie active, donne un moteur puissant à la démarche d'ensemble... Il y a un effet positif dans cette approche, puisqu'on multiplie l'énergie résultant de l'accès à une nouvelle vie par celle qui résulte tout naturellement de l'accès existant aux moyens et aux réseaux de la vie professionnelle. Rien n'empêche qu'ensuite, on revoie la copie, pour l'adapter aux circonstances.

D'ailleurs, les accidents de la vie, au niveau du travail ou de la santé, peuvent nous imposer une démarche de ce type, et même plus radicale dans certains cas.

Il s'agit d'éviter de vivre les « cent jours » de Napoléon : ceux du départ de l'île d'Elbe à la défaite de Waterloo... L'espoir, bâti sur des données fausses, et la défaite, qui conduit à la disparition pure et simple.

La retraite, ce n'est pas non plus les cent derniers jours au sens le plus pratique du terme ! Certains meurent d'entrer en retraite... D'autres dépriment ! Le don de tout ou partie de sa vie personnelle, pendant la vie active, donne une belle occasion de remonter la pente pendant la retraite, en se dédiant notamment à soi, à ses proches, aux autres, à leur réussite...

Votre projet

Ce livre n'aborde qu'indirectement ce qui est si bien traité dans les précis techniques sur le sujet : il n'est pas un recueil administratif ou juridique sur la retraite ; il va au-delà des droits et des devoirs, en focalisant sur les petites (et parfois les grandes) choses qu'on oublie trop souvent quand on aborde le sujet.

Ce livre n'est pas non plus l'œuvre d'un « coach » ou d'un psychologue : il est issu de mon expérience de cadre d'entreprise et de dirigeant du monde du conseil, dans lequel j'ai passé toute ma vie. On y trouvera des outils simples d'aide à l'élaboration d'un projet de retraite bien pensé : le vôtre.

Résolument pratique, cet ouvrage vous invite à procéder à un diagnostic rapide de l'état d'avancement de votre préparation. Il vous sera ensuite proposé de construire votre tableau de bord en progressant dans la lecture des chapitres. Vous pourrez vérifier alors la maturité de votre projet de retraite à la fin de votre lecture.

Le partage d'expérience

La forme que nous avons donnée à cet ouvrage lui permet de servir à tous : que vous soyez du public ou du privé, profession libérale ou artisan, toutes les expériences relatées vous seront utiles.

Je n'ai pas la prétention de traiter la question de la retraite d'une façon universelle, mais je pense que ce qui est vrai pour certains peut être intéressant pour d'autres. Il s'agit pour nous de donner des pistes, d'inspirer le lecteur et de l'aider à orienter concrètement ses choix de retraite.

Les réflexions de Bertrand Collomb et de Pierre-Henri Tavoillot qui introduisent notre livre illustrent à la fois l'intérêt et la complexité de l'âge de la retraite. N'oublions pas d'observer à partir d'aujourd'hui la façon dont nos amis, nos relations, nos modèles gèrent leur retraite. Pour favoriser cette démarche de partage et d'échange d'expériences et d'idées, nous vous proposons de dialoguer dès aujourd'hui autour de cet ouvrage, en utilisant le blog que nous avons ouvert à votre attention : *pourquevotreretraitesoitunsucces.fr.* N'hésitez pas à l'utiliser pour poursuivre l'effort que nous aurons initié ensemble au cours de votre lecture.

À vos marques !

À VOS MARQUES !

CHAPITRE 1

SUIS-JE PRÊT À PRENDRE LE DÉPART ?

Histoire de retraités de plus en plus jeunes qui vivent de plus en plus vieux

Le paradoxe de notre temps est que nous vivons en moyenne plus vieux et qu'on souhaite, de plus en plus nombreux, prendre notre retraite plus jeune que nos aînés. Le rêve de pouvoir faire pendant notre retraite des choses qu'on n'a pas pu faire pendant notre vie active, pour de multiples raisons, a tendance à déplacer vers la jeunesse l'âge de la retraite souhaitée, en même temps que les progrès de notre civilisation reculent l'âge de notre disparition. La proportion des Européens âgés de plus de 80 ans devrait presque doubler d'ici 2050 et les personnes âgées de 60 à 79 ans représenteront un quart de la population totale de l'Union européenne. La retraite devient de fait une période de plus en plus longue dont on ne peut pas improviser le déroulement, en laissant au temps le soin de maîtriser notre avenir.

Nous n'aborderons pas dans cet ouvrage la problématique qui pourrait naître du fait que la diminution des taux de fécondité propre à l'époque actuelle réduit le nombre des actifs qui pourront aider les retraités à supporter le coût de leur retraite. L'Europe n'est pas très bien placée dans ce contexte, même si la France semble être en meilleure position aujourd'hui que certains de nos voisins. Gardons cependant cette contrainte en tête lorsque nous nous posons la question de l'énergie que nous sommes prêts à déployer pour préparer et vivre notre retraite avec succès.

Cette question est d'autant plus importante que beaucoup d'actifs sont tentés, quand ils le peuvent, de prendre leur retraite avant l'âge légal. Chez nous comme ailleurs dans l'Union européenne, cette tendance à quitter le marché du travail avant l'âge légal est illustrée par les statistiques, comme le montre le tableau de la page 39.

Ces données comparatives montrent bien que nous ne sommes pas en retard sur nos voisins quand il s'agit de partir en retraite ! Y sommes-nous bien préparés pour autant ?

Âges légal et moyen de départ à la retraite dans quelques États membres de l'Union européenne

Pays	Âge légal de départ à la retraite	Âge moyen de sortie du marché du travail
Allemagne	67 ans	Femmes : 61,4 ans
		Hommes : 62,1 ans
Belgique	65 ans	Femmes : 61,9 ans
		Hommes : 61,2 ans
Danemark	65 ans	Femmes : 60,3 ans
		Hommes : 62,3 ans
Espagne	65 ans	Femmes : 62,7 ans
		Hommes : 62,5 ans
France	62 ans	Femmes : 59,1 ans
		Hommes : 59,4 ans
Italie	Femmes : 60 ans	Femmes : 60,7 ans
	Hommes : 65 ans	Hommes : 60,8 ans
Pays-Bas	65 ans	Femmes : 62,8 ans
		Hommes : 63,7 ans
Royaume-Uni	Femmes : 60 ans	Femmes : 62 ans
	Hommes : 65 ans	Hommes : 64,1 ans
Suède	Flexible entre 61 et 67 ans	Femmes : 63,2 ans
		Hommes : 64,4 ans

Données *MISSOC(Mutual Information System on SOCial protection/social security)* 2010 (âge légal) et *Eurostat* 2008 (âge moyen de sortie)

Nous sommes-nous posé les bonnes questions ?

Nous sommes-nous interrogés sur les orientations que nous souhaitons donner à notre nouvelle vie ?

Sommes-nous prêts à devenir des retraités anonymes ou avons-nous le besoin de nous sentir reconnus ou en compétition ?

Souhaitons-nous avoir des responsabilités ou non, vivre avec les autres ou plutôt avec nos proches, nous insérer dans des démarches organisées ou vivre nos propres lois, animer un ou plusieurs groupes ?

Voulons-nous exercer ou développer des compétences spécifiques, acquérir de nouvelles connaissances, mettre les unes et les autres à disposition, individuellement ou collectivement ?

Avons-nous l'envie de résoudre des problèmes, d'être utiles, au service des autres ou non ?

Selon les réponses que nous apporterons à ces questions, nous ne travaillerons pas les mêmes axes d'investissement pour le futur, et nous ne bâtirons pas le même profil de retraité. Il découle de cette réalité l'intérêt, à un moment donné, d'opérer une revue complète de nos aspirations, puis d'examiner et de mettre en œuvre les moyens de les réaliser, avant de basculer dans un nouveau « système » de vie.

Tristesse d'une retraite non préparée

On ne peut pas entamer une réflexion comme celle qui nous occupe ici, sans s'arrêter quelques instants sur les conséquences de l'improvisation en la matière ! Et, encore une fois, nous laissons de côté l'aspect financier, tout aussi essentiel que ceux que nous traitons dans cet ouvrage, compte tenu de la qualité des analyses proposées sur ce sujet par ailleurs.

Je vous propose de partager le témoignage d'un de mes amis, qui a bien voulu résumer en quelques lignes la tristesse de la retraite de son père, faute de préparation :

« À la fin de sa carrière professionnelle, mon père, aujourd'hui décédé, se réjouissait autant d'exercer son métier de haut fonctionnaire jusqu'au dernier terme légal possible – ce qu'il fit – que de la perspective de prendre sa retraite. Il voyait cette retraite comme la paix, le bonheur ininterrompu auprès de sa chère épouse, dans la belle maison qu'ils avaient fait construire en Bretagne, à Loctudy, tout près de la mer. Il faut bien noter ce point : Loctudy, c'est le pays de ma mère. Mon père était un homme de l'est de la France, il ne connaissait quasiment personne en Bretagne. Avec les 68 ans de mon père, le temps de la retraite arrive enfin. Mes parents s'installent effectivement à Loctudy, perdent leurs amis parisiens. Mon père vit sa retraite comme il l'avait envisagée, c'est-à-dire qu'il ne fait plus rien, hormis lire les journaux, regarder la télévision, commenter les nouvelles, faire des mots croisés, se promener,

se reposer, aller à la plage et se baigner l'été. Aucun engagement local ne l'intéresse : politique, bénévolat, activité sportive ou de loisir, religion, etc. Il n'a ni passion particulière (musique, lecture), ni dada quelconque, que sa retraite aurait pu lui permettre de développer. Il n'est ni bricoleur, ni jardinier, ni cuisinier, ni pêcheur, ni amateur de bateaux, ni amateur de voyages. Je peux donc dire sans exagérer qu'il ne fait effectivement rien, sauf les courses, ce qui lui donne le plaisir de conduire sa voiture chaque jour. Il se trouve bien ainsi, ce qui peut paraître étrange pour un homme ayant exercé toute sa vie de grandes responsabilités, mais il est avec sa femme, en amoureux qu'il a toujours été, ce qui, considère-t-il, lui suffit désormais. Je suppose que cela devait peser à ma mère, elle qui, tout au long de sa vie, avait vécu seule à la maison, maîtresse de son temps et de ses activités. Toujours est-il qu'après seulement deux ans de cette vie retirée à deux, ma mère tombe gravement malade et, après deux ans de rémission, meurt. Mon père se retrouve alors seul, à 72 ans, dans sa grande maison, sans relations dans les environs, sans aucun centre d'intérêt, loin de son fils et de ses petits-enfants, ayant perdu celle qui était d'une certaine façon sa colonne vertébrale. Les quatre années durant lesquelles il a survécu à ma mère, ont donc été une lente descente dans le vieillissement, un ennui, une grande tristesse. Sa tristesse, mais aussi la tristesse pour moi de voir un homme, riche de connaissances et d'expérience, en pleine possession de ses facultés physiques et intellectuelles, d'un naturel jovial, n'exercer aucune de ses qualités, faute, me semble-t-il, d'avoir réellement préparé ce temps post-professionnel qu'il avait fantasmé comme une carte postale ou un séjour sur catalogue dans un pays exotique. Il est mort à 76 ans d'un AVC. J'en ai été prévenu le lendemain par une voisine. »

Rien ne sert de courir si l'on ne part pas à temps !

L'objectif de ce chapitre d'ouverture est de vous permettre de mesurer votre état de préparation au nouveau départ que constitue la retraite. Vous lirez d'autant mieux les chapitres suivants, et vous transformerez d'autant mieux leur lecture en plan d'action, que vous aurez utilisé le jeu de 20 questions proposé en page 159...

Le côté pratique ■

RETRAITE : ÊTES-VOUS PRÊT ?

N°	Questions	Oui	Non
1	Ai-je décidé où j'allais m'installer ?		
2	Ai-je mémorisé tous mes contacts utiles, les gens dont je souhaite rester proche ?		
3	Ai-je identifié mes droits à la retraite ?		
4	Ai-je fait mes projections financières, pensé à la structure d'accueil de mes revenus complémentaires à ceux de la retraite légale (éventuellement) ?		
5	Ai-je étudié ma couverture médicale à venir ?		
6	Ai-je mis en place une informatique performante à domicile ?		
7	Ai-je organisé tous mes fichiers, mes archives, utiles pour le futur ?		
8	Ai-je mis en forme ma téléphonie mobile ?		
9	Ai-je réfléchi à la possibilité de garder quelques activités professionnelles ?		
10	Ai-je réfléchi à la possibilité de m'investir dans la vie associative?		

N°	Questions	Oui	Non
11	Ai-je réfléchi à la possibilité de planifier des voyages ?		
12	Ai-je réfléchi à la possibilité d'accompagner mes proches, dans leur projet/leurs problématiques particulières (conjoint, parents, enfants, petits-enfants, autres) ?		
13	Ai-je réfléchi à la possibilité de m'initier ou de bâtir un plan de perfectionnement dans un (des) jeu(x)/un (des) sport(s)/une (des) activité(s) au(x)quel(les)(s) je m'intéresse ?		
14	Ai-je réfléchi à la possibilité de commencer de nouvelles études ?		
15	Ai-je identifié les autres activités éventuelles que je compte développer (lecture, cinéma, autres) ?		
16	Ai-je impliqué mon conjoint dans ma réflexion ?		
17	Ai-je discuté mes projets avec d'autres avec qui j'aimerais les développer ?		
18	Ai-je prévu de fêter mon accès à la retraite ?		
19	Ai-je organisé la décélération progressive de mes activités ?		
20	Ai-je participé à la mise en place de ma succession ?		
	TOTAL (sur 20)		

La démarche est simple ! ■

Vous répondez par oui (1 point) ou par non (0 point) à chaque question. Toute réflexion non achevée a une valeur 0.

En totalisant vos points, vous obtenez une note sur 20 !

Au-dessus de 15, vous êtes très largement avancé et ce livre vous permettra de vérifier que beaucoup de choses sont en ordre de marche.

De 10 à 15, prenez soin d'accompagner la lecture attentive de chaque chapitre par l'élaboration du tableau de bord dont le format vous est proposé en annexe de cet ouvrage, page 161. Vous sortirez fin prêt de cette démarche.

En dessous de 10, faites de la préparation de votre retraite la clef de voûte de votre quotidien. Cet ouvrage doit devenir un outil de travail de tous les jours. En le lisant une première fois pour prendre le bon cap, puis en construisant votre plan d'action lors d'une deuxième lecture, vous n'aurez pas perdu votre temps !

Dans tous les cas, n'hésitez pas à réutiliser ce questionnaire à la fin de votre lecture...

FINALISER SON PROJET : L'ORIENTATION

CHAPITRE 2

ANTICIPER LE CHANGEMENT

Réussir sa retraite, C'est tout d'abord la prévoir... Il n'y a pas de honte à réfléchir à ce qu'en sera la dynamique, pas plus qu'à penser à son orientation au milieu de ses études secondaires, ou à se demander quel métier on voudra faire plus tard avant d'aborder les études supérieures, ou à chaque carrefour de la vie professionnelle.

Il faut prendre le temps et se donner la disponibilité pour pouvoir décider de quoi seront faites les 10, 20 ou 30 années à venir, avant de perdre tout le recul nécessaire pour faire les bons choix. Pourquoi ne pas transformer un moment inévitable en parcours choisi ?

L'improvisation doit bien sûr avoir sa place. Tout ne peut pas se planifier, fort heureusement ! Mais cette improvisation ne sera féconde que si elle repose sur une bonne organisation, quelques projets bien pensés, et des convictions que l'on souhaite faire aboutir...

Prendre le temps de réfléchir

Très souvent dans les entreprises, le moment du départ correspond aussi à l'épuisement des droits à congés payés et des jours à récupérer à un titre ou à un autre. Une bonne organisation de la consommation de ces droits peut vous aider à trouver le temps de mener cette démarche dans les meilleures conditions. Je me suis personnellement obligé à prendre une semaine de congés par mois durant les 6 derniers mois de ma pleine activité, pour avoir le temps de réfléchir et favoriser le mouvement décrit dans le chapitre 8 (Décélérer pour mieux atterrir).

Pendant ces journées, et cela à partir de mes réalisations et « non-réalisations » de ces dernières années, j'ai concrètement documenté mes choix possibles d'activité, déterminé mes priorités, testé les hypothèses retenues, et mis en place mon plan d'action pour les prochaines années, selon les principes que je partagerai avec vous tout au long de cette ouvrage, Je me suis mis en posture de retraité, en pensant à ce que sera la quotidien que je construis, en testant mon nouvel emploi du temps tel que projeté, en dialoguant avec ma femme pour élaborer les prochaines étapes, en examinant les conséquences de l'abandon de mes activités actuelles sur mon moral... L'objectif était clairement d'abandonner les réflexes de plus de 35 ans de vie professionnelle, de créer une sorte de déséquilibre fécond pour déplacer la ligne de partage entre le travail et la vraie vie.

Voilà donc venu le temps exceptionnel où j'ai enfin le pouvoir de décider ce que je veux et ce dont je ne veux plus, d'identifier mes frustrations, de repérer les thèmes d'activité à créer ou à développer.

Cette période de transition est un test grandeur nature, qui doit nous permettre de répondre à quelques questions clés :

- qu'est-ce ce que je souhaite prendre le temps de bien faire ?
- qu'est-ce que je souhaite commencer maintenant ?
- qu'est-ce que je souhaite apprendre maintenant ?

Il ne s'agit pas uniquement de brasser des idées généreuses mais de prendre le temps de se documenter et d'instruire les réponses possibles à ces questions. C'est la démarche que je vous propose de partager dans cet ouvrage, pour la faire vôtre.

Développer une nouvelle psychologie

Il nous faut admettre que la gestion du temps ne sera plus la même au cours de notre retraite. La transition vers la nouvelle façon de vivre comprend un moment de réflexion sur notre relation au temps. C'est bien d'une mue profonde qu'il s'agit en la matière. Prendre le temps de faire les choses qui nous plaisent : voilà la grande nouveauté et elle est souvent en rupture totale avec notre ADN.

Arrêtons-nous un moment, sur mon exemple. Le texte suivant est paru en juin 1996 – j'avais 45 ans –

dans la *Lettre de la rue Saint-Guillaume* (revue des anciens de Sciences Po) sous le titre : « L'homme pressé – Ce qui fait courir Jean-Emmanuel Combes ? » :

« Parallèlement à sa carrière d'associé directeur général de Price Waterhouse France (note de l'auteur : devenu PricewaterhouseCoopers depuis) et de coordinateur de développement du groupe en Europe, il est l'auteur de plusieurs ouvrages sur l'entreprise, enseigne l'audit et la comptabilité à Sciences Po et s'avoue très impliqué dans la vie de l'Institut (notamment comme membre du conseil de direction et président de l'association des professeurs et des maîtres de conférences à l'époque)... Très prenant – la journée commence souvent à 7 heures du matin à l'aéroport pour finir à 22 heures –, le volet international de son activité, qui lui confère un rôle de facilitateur et l'amène à harmoniser les méthodes de Price dans les différents pays européens d'une part, entre l'Europe et les États-Unis d'autre part, le passionne... »

Aujourd'hui, au moment où j'aborde ma retraite, sur quels critères vais-je évaluer mon plaisir de vivre, ma satisfaction personnelle ? Certainement pas sur la course contre la montre que j'ai organisée tout au long de ma vie active ! Le personnage décrit dans ce portrait était à bien des égards un acteur de la scène professionnelle. Aujourd'hui, je dois devenir moi-même, me révéler à moi-même et aux autres dans mes goûts, mes envies. Le défi est immense mais cette question identitaire est au cœur d'une retraite réussie. L'âge est certainement un atout pour achever cette réflexion que nous avons tous forcément amorcée, de façon parcellaire, au cours de notre vie professionnelle.

Il nous faut admettre que nous devrons fonctionner sur un registre différent, avec une psychologie renouvelée, plus adaptée au temps et aux projets d'apprentissage, de découverte, d'émotion, de satisfaction également.

Dans le cas contraire, et si nous ne nous sentons pas capables d'opérer cette mutation, de conduire ce changement, il faut en prendre conscience et agir en conséquence !

Identifier les complices, les alliés du futur

Une des caractéristiques les plus frappantes, et parfois traumatisantes, de la période de transition à laquelle nous nous intéressons, réside dans la mutation profonde de nos contacts et relations. Beaucoup d'entre eux sont en fait nourris par notre statut professionnel, et disparaîtront avec lui... Dans votre vie professionnelle, les rencontres vous conduisent d'ailleurs souvent à ne rencontrer que des titres, des fonctions plus que réellement des individus. Faites le test ! « Aujourd'hui, j'ai rencontré une fille très bien qui travaille à la stratégie de GDF » ; « j'ai croisé le nouveau patron de l'Aérospatiale », etc. Derrière la fonction, il y a pourtant un nom, un individu qui se dévoile parfois au fil de la relation. À la retraite, vous n'êtes plus que cet individu. Fini les galons et charge à vous de vous faire apprécier pour ce que vous êtes réellement.

Notre relation aux autres sera inversée dans de nombreux cas, puisque c'est notre mouvement vers eux qui deviendra moteur, là où l'inverse primait assez souvent, du fait d'intérêts liés à notre vie active.

Le temps qui précède la retraite doit permettre de refaire l'inventaire de nos contacts, dans une optique résolument différente de celle que nous pouvions avoir au cours de notre vie active.

Nous nous ferons un devoir d'identifier les personnes qui ont vocation à être solidaires, complices ou équipières, destinataires ou alliées de nos projets, et nous ne manquerons pas de remettre en ordre nos contacts en fonction des orientations qui se dessinent.

Nous identifierons aussi les personnes dont nous avons envie de nous occuper, beaucoup mieux que nous ne l'avons fait dans notre période d'activité professionnelle...

Dans tous les cas, recenser, mieux connaître et éventuellement intégrer les réseaux et clubs d'anciens constituent une étape essentielle de notre démarche : anciens de notre université ou de notre école, anciens de l'entreprise dont nous faisons partie, personnes originaires de notre région... Pour ce qui me concerne, l'Association des anciens de

Sciences Po et le Club des anciens de pwc représentent des sources de contact et d'activités à ne pas négliger.

Une question essentielle à traiter est celle de l'implication de notre conjoint dans la construction de notre projet de retraite... Le troisième temps de la vie que nous mettons en œuvre est-il compatible avec l'idée que se fait notre conjoint du futur ? Il faut absolument profiter des cent jours qui précèdent le jour J pour mieux connaître sa sensibilité, tester quelques pistes avec lui, en faire notre allié durable avant de nous jeter dans le grand bain... Nous reviendrons sur cette question essentielle dans le chapitre 5 (Partager son futur).

Instruire les dossiers clés

Rien n'est pire qu'une retraite bien pensée dont les aspects les plus pratiques ne sont pas bien traités. Il faut absolument vérifier pendant les cent jours qui précèdent le nouveau départ que vous ne risquez pas de vous heurter à des écueils du type :

J'attaque ma retraite, et je n'ai pas bouclé mon dossier (droits, dates clés, possibilités de travailler en parallèle, accords avec mon employeur en cas de fin de carrière ou de préretraite sur les activités qui me sont autorisées d'un point de vue professionnel...)

Je quitte mon informatique et ma téléphonie professionnelles, et je perds tous mes fichiers, tous mes contacts...

Je n'ai pas fait mes projections financières, pour déterminer mes choix sur longue période, en fonction de mes nouveaux revenus (calibrer les dépenses)... Je n'ai pas fait le point de ma couverture médicale...

Je n'ai pas prévu les formes juridique et fiscale de mon activité dans le cas où je devrais avoir une structure d'accueil de mes revenus complémentaires (droits d'auteur pour les ouvrages, honoraires pour les missions de consultant éventuels...).

Le côté pratique ■

Pour favoriser l'ensemble de cette démarche, nous vous proposons de profiter de la lecture de cet ouvrage pour élaborer, avec le degré de précision que vous souhaiterez, votre tableau de bord, à partir du modèle tout simple qui vous est présenté en annexe page 161. À tout moment de cette lecture, et après, vous serez ainsi en mesure d'évaluer périodiquement la construction et la réalisation de cette grande (c'est le pari de ce livre) et longue (c'est le souhait qu'on peut avoir) période de la vie que constitue le temps qui suit la vie professionnelle !

Nous allons revenir sur chacun de ces points si importants...

CHAPITRE 3

CONSTRUIRE SON PROJET

Vérifions maintenant que nous serons le maître du « lieu » et l'acteur principal de notre retraite. Un petit drame fréquent en la matière est de voir ses journées dominées par les tâches ancillaires, de l'administratif (courriers de contestation de factures, remboursement de sécurité sociale...) au ménager (les courses, l'entretien de la maison...), sans qu'aucune colonne vertébrale bâtie autour d'un projet marquant le nouveau départ ne vienne supporter le corps de nos « vieux jours »... Ne subissons pas notre retraite... Construisons un futur attrayant !

Définir le cap – Se donner une ombrelle

Il nous faut d'abord sortir de la foule, nous percevoir comme un peu différent des autres, savoir dans quoi nous puiserons nos satisfactions... Découvrons-nous de nouvelle envies, de nouvelles capacités, de nouveaux talents ! Adoptons pour cela une démarche résolument inverse de celle que nous avons diligentée tout au long de notre vie professionnelle : il ne s'agit plus d'être parmi les meilleurs, mais de consacrer notre temps et notre énergie à bâtir notre vie personnelle et familiale.

Profitons des trois mois qui précèdent la fin de notre vie active pour nous donner un, deux ou trois fils conducteurs, structurants, qui permettent de bâtir toutes les ramifications qui feront un plan d'activité durable, dense et gratifiant.

Se refaire une santé ?

Faire de sa (bonne) santé une des composantes de son chemin de retraite est essentiel. Souvent, beaucoup d'entre nous ont ignoré longtemps, au cours de leur vie professionnelle, quelques problèmes qui auraient mérité plus d'attention.

Le projet de dresser l'inventaire des examens médicaux à faire (ce que j'ai différé, ce qu'il serait bon de faire, compte tenu de ma nouvelle disponibilité), pour être notamment à la hauteur du programme d'activité à bâtir pour les prochaines années, et rassurer ses proches sur l'intérêt qu'on porte à sa santé, constitue un temps fort de cette période.

Personnellement, ayant un environnement familial très marqué par le cancer, souffrant par ailleurs de problèmes de santé que j'ai négligé de soigner et dont j'ai ignoré les risques pendant ma vie professionnelle, j'ai mis en œuvre avec plaisir, une fois à la retraite, une série d'examens dans ces domaines. À la grande satisfaction de mon entourage, et au bénéfice de mon bien-être...

Avoir de nouveaux projets ?

Il est des questions que l'on doit se poser une fois pour toutes à la fin de sa vie active :

- qu'est-ce que j'ai toujours regretté de ne pas (bien) faire dans le passé ?
- qu'est-ce que je faisais bien au meilleur de mon parcours et que j'ai laissé tomber à cause de la densité et/ou de la nature de mes activités ?

Personnellement, j'ai plutôt répondu à la deuxième question : l'écriture (référence aux ouvrages que j'ai écrits ou co-écrits dans les années 80 et 90), la lecture, le cinéma, la vie en extérieur (marche, jardinage), la progression technique dans le sport. En la matière, le plaisir n'est pas seulement dans la performance brute, il est aussi dans la progression et dans les sensations. Ce sont ces derniers aspects qu'il faut chercher à valoriser dans sa façon de participer à une activité physique.

Attention cependant à ne pas vouloir reproduire les performances et les progressions de nos vingt ans. Choisissons un sport dans lequel nous pourrons nous épanouir et progresser. Fini, le rugby, le parachutisme ou l'équitation que nous pratiquions plus jeunes, place au golf et à la randonnée par exemple.

Les loisirs

Il est intéressant de réfléchir à l'opportunité de bâtir un programme ambitieux autour de la pratique des loisirs, soit en programmant de créer une nouvelle dynamique dans la gestion de ceux qu'on pratique déjà, soit en décidant de satisfaire de façon durable son intérêt pour des activités qu'on n'a pas eu la possibilité d'avoir pendant sa vie active.

Prenons l'exemple du golf. Mon idée n'est pas de faire la promotion de ce sport, bien que j'en sois accro. J'avoue que le fait de pouvoir programmer une amélioration de mon niveau technique, concrétisée par une baisse de mon handicap (niveau officiel du golfeur) au cours de ma retraite, constitue un objectif intense et de longue haleine après 20 ans de progression personnelle. J'ai d'ailleurs décidé de prendre des cours pour y parvenir. Redevenir élève, apprendre, c'est aussi cela le secret d'une retraite réussie.

Au golf, l'amélioration du niveau technique peut compenser très largement la réduction progressive des moyens physiques. Vous comprendrez pourquoi on voit autant de golfeurs seniors heureux sur les parcours...

En plus, bâtir une journée autour d'un parcours de golf permet de la vivre en compagnie, depuis le café et l'échauffement qui le précèdent, jusqu'au pot, au déjeuner ou au dîner qui le suit, en passant par les 3, 4 ou 5 heures que vous allez passer avec des amis ou des personnes que vous allez découvrir.

Le golf est un vecteur formidable de relations sociales. Dans les deux régions que j'aime particulièrement, la Bourgogne et le Var, j'ai fait la connaissance de beaucoup de mes amis actuels sur les terrains de golf, et je me suis implanté dans ces régions pour beaucoup grâce aux contacts créés dans ce cadre. La diversité des niveaux techniques est largement acceptée et constitue très rarement un obstacle dans la pratique du sport et le développement de relations privilégiées. Certains diront que mon exemple est très élitiste. Je crois qu'il est temps de démystifier la pratique du golf : il existe des endroits où on peut l'apprendre et le pratiquer sans que cela coûte une fortune (golfs publics, accords avec le comité de l'entreprise dont on faisait partie...).

Ce qui est vrai du golf l'est également pour la randonnée. La possibilité de compenser l'affaiblissement physique progressif par une montée en puissance technique, de bâtir un programme d'une demi-journée ou d'une journée autour d'une sortie, de vivre une vraie convivialité autour de ce sport, de s'y faire des relations de qualité, et d'y être accepté à tout niveau technique, fait la richesse de sa pratique.

Ces activités se pratiquent très bien en couple, ce qui est essentiel. En cas de différence de niveau technique, et cela est vrai également pour le golf, les jours de sortie en couple peuvent alterner avec les jours de performance individuelle avec les champions de sa catégorie.

Nous pourrions développer de la même façon l'intérêt du vélo, de la pétanque, de la voile, de la pêche... qui peuvent tous se pratiquer au sein d'un club. De même, un programme de voyages orienté par les goûts commun d'un couple ou d'une bande d'amis (types de culture, géographie, musique, événements sportifs, pratique d'un sport ou d'une activité...) permettent de répondre aux mêmes préoccupations.

Dans un autre domaine, beaucoup de cadres d'entreprises internationales ont souffert comme moi d'avoir volé vers de nombreuses destinations, d'avoir rejoint directement leur(s) bureau(x) ou contact(s) professionnel(s) à l'étranger plusieurs fois par mois, à partir de l'hôtel ou même de l'aéroport, sans avoir eu l'opportunité de s'imprégner du pays d'accueil, de sa culture, de sa population... De même, le travail à l'étranger permet de créer des liens de très grande qualité avec ses homologues locaux, et leur famille parfois, se concrétisant dans certains cas par une amitié durable. J'ai personnellement passé huit ans à travailler en relation avec une vingtaine de pays, les visitant plusieurs fois par an, et j'ai noué dans ces contacts professionnels sur plusieurs années des amitiés solides. Quel bonheur de pouvoir envisager de prendre le temps de faire dans chacun de ces pays ce que la vie professionnelle n'a pas permis : prendre le temps de visiter des lieux chargés d'histoire, de mieux comprendre les cultures, et de savourer l'amitié bâtie au fil des années. En ce qui me concerne, je ne parle pas uniquement de l'Allemagne, de la Hollande, de la Grande-Bretagne ou des États-Unis, mais de Chypre, de Malte, de la Grèce, de l'Autriche, du Danemark, de la Turquie, du Luxembourg, de la Belgique, de la Suisse, de la Norvège, de la Finlande, de la Suède, de l'Espagne, du Portugal... Quel beau programme de visites et d'amitié en perspective, à consommer sans modération avec son conjoint !

Une place de choix peut être réservée aux jeux, et notamment aux jeux de carte comme la belote, le tarot, le bridge, ou les échecs, avec, comme pour le sport, la possibilité de réunir les avantages de la progression technique et de la convivialité entretenues dans la durée. Parfois, ces activités fonctionnent très bien en paire. Tout cela est bon pour mettre en forme un emploi du temps alliant la dépense physique à la musculation intellectuelle, ou l'intérêt spécifique de chacun des conjoints au sein d'un couple.

Que cela ne nous empêche pas de savourer en parallèle le temps de la lecture, du cinéma et de la culture en général. Les abonnements de théâtre, de concert et d'opéra permettent de prendre un certain rythme, extrêmement bénéfique à l'organisation de ses loisirs.

Pour certains aussi, le tiercé permet de varier les lieux de rencontre, du café au champ de course, et peut faire l'objet d'une préparation sérieuse et régulière avec la famille ou les amis. Combien de fois j'ai été impressionné, en m'arrêtant pour boire un café dans différentes petites villes, au hasard d'itinéraires de vacances, par l'atmosphère de complicité de personnes qui se retrouvaient manifestement régulièrement pour préparer les paris ensemble, dans un moment de convivialité partagé sur une terrasse de bord de mer ou dans une salle de bistrot !

La vie associative

C'est le choix de pouvoir partager à son rythme le meilleur de ce qu'on a pratiqué, ou d'aborder de nouvelles activités, dans le souci d'être utile à l'autre, dans un cadre culturel, social ou humanitaire, avec l'arme absolue que constitue le bénévolat.

J'ai pu constater, lorsque j'ai assuré la présidence de l'Association des anciens de Sciences Po, combien nous manquions, en renfort de nos permanents et de nos bénévoles, de compétences qui auraient pu nous venir de retraités par ailleurs adhérents, soucieux de partager leur expérience professionnelle en milieu associatif, dans un contexte de retraite équilibrée : ressources humaines, finance, informatique, réseaux, communication écrite... Et à chaque fois que nous avons pu y accéder, dans un cadre où l'expertise était au rendez-vous, cela a été un bénéfice exceptionnel, pour l'association, leurs membres et pour les intéressés.

Dans ce cadre, le conseil aux plus jeunes générations, sous la forme de parrainage d'étudiants, de la tenue d'entretiens de simulations d'entretien de recrutement, de rendez-vous de conseil d'orientation représentent une valeur ajoutée considérable pour tous et une contribution à un projet de vie de retraité passionnant pour les plus anciens.

Dans le domaine humanitaire, j'ai eu le plaisir et l'honneur de partager l'expérience de l'Association Astrée, qui accompagne de nombreuses personnes en situation difficile, dans toute la France, pendant une vingtaine d'années. Le rôle des bénévoles retraités, et notamment des plus jeunes, y est irremplaçable, tant du point de vue de la « raison sociale » (accompagnement de gens qui ont besoin de soutien à un moment difficile de leur vie) que du fonctionnement (encadrement de l'activité générale, notamment en termes administratifs).

Chacun d'entre nous peut avoir envie de programmer, dans sa nouvelle vie à venir, un temps de disponibilité, gratuit, en relation avec les autres. Il n'est pas inutile de se poser la question assez tôt, au moment où on est encore actif, et de se demander quelles sont les compétences, utiles pour les autres, qu'on pourrait naturellement mettre au service de la communauté, pour son bien-être autant que pour celui des bénéficiaires...

Terminons cette section par deux conseils, que je tire notamment de mon expérience de six ans à la tête d'une grande association :

- il faut vérifier ce à quoi on s'engage, pour pouvoir être efficace et mener à bien ses missions : beaucoup d'entre nous ont pu être surpris d'avoir passé beaucoup plus de temps que prévu dans leurs activités bénévoles, faute d'une bonne estimation lors de leur engagement initial ;
- la responsabilité ne se gère pas au sein des associations comme en entreprise ; il est plus difficile d'animer l'action de bénévoles, qui travaillent si souvent sans contrepartie, que de travailler avec des salariés.

L'activité professionnelle secondaire

Beaucoup d'entre nous rêvent de pouvoir garder une partie de leurs activités professionnelles dans le cadre d'une retraite bien organisée. Continuer à pratiquer le meilleur de ce qu'on a pu faire dans la vie active, ou mettre l'expertise et l'expérience acquises au service de nouvelles activités, nécessite un travail préparatoire qu'il est fondamental de mener pendant qu'on est encore dans l'action.

Il est important de réfléchir à ce qu'on veut faire dans ce cadre pendant qu'on a encore tous les contacts professionnels et l'opportunité de tester les possibilités auprès de ceux qui peuvent les donner.

Combien d'officines de consultants, jeunes retraités, se sont écroulées, faute d'un projet bâti assez tôt, confronté au point de vue de professionnels amis plus faciles à côtoyer dans la vie active que pendant la retraite !

Il existe des organisations qui peuvent relayer votre souhait de travailler à temps partiel ; là encore, il est plus attractif de mettre en valeur ce qu'on fait, avant de quitter la vie active, que ce qu'on a fait quand on travaillait une fois qu'on s'est arrêté.

Dans chaque métier, il existe une zone de compétence et de valeur ajoutée qui peut représenter de l'intérêt pour un marché ou un employeur éventuel ; il s'agit de l'identifier. Dans le métier d'où je viens, l'audit et le conseil financier, les jeunes retraités sont recherchés pour compléter les conseils d'administration en qualité d'administrateur indépendant ; et quelques-uns développent en libéral des spécialités qu'ils ont pratiquées toute leur vie dans leur activité professionnelle, telle que l'expertise judiciaire ou le conseil en fusion-acquisition. D'autres sont cooptés en qualité de juge au tribunal de commerce, ou au conseil de prud'hommes. Dans la plupart des cas, tout cela se prépare, s'organise et se met en place avant qu'on ne sorte de son milieu...

La législation actuelle facilite l'exercice d'une activité professionnelle rémunérée, sans remettre en cause les avantages liés à la retraite. Le statut d'auto-entrepreneur permet, par exemple, à un nouveau retraité d'avoir le cadre d'accueil de son activité complémentaire, avec des obligations simplifiées, à la hauteur des revenus autorisés dans cette formule.

Développer de nouvelles aptitudes – Acquérir de nouvelles compétences ?

Il existe de nombreuses façons de passer de la réussite professionnelle liée à l'effort à la satisfaction personnelle liée au talent ! Nous avons déjà eu l'occasion de vérifier dans les pages précédentes qu'on pouvait se donner un objectif de progression technique. Et pourquoi ne pas acquérir de nouvelles compétences, et faire (de nouveau) des études ?

Les études

Si je considère l'entreprise d'où je suis issu, où j'ai progressé professionnellement, tout au long de ma vie active, j'ai été régulièrement frappé par l'initiative de certains de mes collègues de reprendre des études au moment de la retraite, au sein de cursus universitaires correspondant à des centres d'intérêt qu'ils souhaitaient développer. J'ai notamment en tête deux exemples : l'un a suivi des études de théologie, l'autre les cours de l'École du Louvre, après trois décennies de commissariat aux comptes.

J'ai également en tête l'exemple d'un ami, amateur de grands vins et membre de différents jurys de dégustation réputés, qui, après avoir pris sa retraite de dentiste, a fait des études d'œnologie à l'université de Bourgogne, sanctionnées par un diplôme de deuxième cycle, pour porter au meilleur niveau ses compétences, et partager sa passion avec des étudiants de toutes nationalités venus apprendre à Dijon comment reproduire l'excellence des vins de la région. Ceci ne l'a pas empêché par ailleurs de continuer à développer ses talents d'historien de la Bourgogne, en publiant des ouvrages permettant de partager une meilleure connaissance de la région, à écrire des articles dans la presse régionale et les revues spécialisées... et à servir et présider des associations dédiées aux arts et aux lettres.

D'autres ont souhaité acquérir les bases qu'ils n'avaient jamais eu le temps d'assimiler au cours de leur vie active en matière de jardinage ou de cuisine, en suivant des cours qui leur ont permis de découvrir un nouveau plaisir ou de développer une expertise nouvelle, pour se redonner de l'élan, et en en faisant profiter les autres.

En synthèse de ce point, ayons à l'esprit qu'il existe une grande variété de solutions pour devenir ou redevenir étudiant : de nombreuses universités sont ouvertes à ce projet, pour préparer un diplôme ou s'inscrire comme auditeur libre, certaines organisent des cursus spécifiques et un nombre croissant d'associations organisent des activités intellectuelles qui pourront répondre à votre attente ; « passer une licence de philosophie en six ans, changer de thème d'études tous les ans, apprendre l'anglais en buvant du thé avec vos partenaires, faire une thèse en sociologie ou encore apprendre l'informatique à domicile... Avec ou sans contrainte, à vous de voir, votre liberté et vos champs d'action sont infinis ! » résume l'éditeur de l'ouvrage *Faire des études après 60 ans* (Annette Bernardi, L'Étudiant, 2008).

L'enseignement

Un autre projet possible consiste non pas à suivre des cours mais à intervenir en qualité d'enseignant… Quelques-uns de mes anciens collègues ou de mes contacts en entreprise, jeunes retraités, passionnés d'enseignement au cours de leur vie professionnelle, ont décidé de continuer à enseigner au-delà de leur vie active. D'autres ont commencé à le faire, forts de talents particuliers et d'une véritable réflexion à mettre à la disposition des étudiants sur des thèmes d'éducation majeurs. Voilà une autre façon de partager une partie de son expérience et de ses compétences, en apportant de surcroît aux plus jeunes le renfort de leurs aînés dans le développement de leur proximité avec le monde du travail.

Il faut cependant rappeler que ce projet implique la remise à jour périodique de ses propres connaissances et la réactualisation de savoirs qui se périment parfois si vite : la vertu de cet investissement nécessaire réside dans la stimulation intellectuelle qu'il procure dans la durée, partagée avec ceux qu'on accompagne.

Participer à la vie des affaires différemment

Deux activités permettent de garder le contact avec la vie des affaires sans pour autant être happé par ses exigences, lorsque vous n'êtes pas tenté de créer vous-même votre propre entreprise.

L'appartenance à un club d'investissement permet d'investir à son niveau tout en suivant, au sein d'un groupe constitué, et avec l'aide d'un expert bancaire, l'actualité économique et la performance collective du fond auquel on participe. Avec un petit pécule à faire fructifier, voilà une façon astucieuse de rester dans le coup du point de vue de l'actualité de la vie des affaires, dans un contexte qui peut rester ludique si on ne perd pas le sens du jeu.

En qualité de retraité, on peut marier l'attrait de cette formule avec d'autres activités : je joue régulièrement au golf dans le Midi avec des amis qui font partie du même club d'investissement et qui ont formé un groupe de golfeurs en son sein, se retrouvant deux à trois fois par semaine pour jouer ensemble. Un autre sous-ensemble de ce club d'investissement, embarquant également quelques golfeurs, réunit les bridgeurs. Certains des adhérents de ce club d'investissement organisent de ce fait trois de leurs activités autour du même groupe...

Recherche affinités ! D'autres de mes amis ont préféré marier l'appartenance à un club d'investissement à une activité cycliste régulière, s'organisant tout au long de l'année, avec un entraînement collectif hebdomadaire, rythmant d'ailleurs une préparation physique individuelle plus large (jogging, gymnastique, marche selon les goûts de chacun). L'objectif est de pouvoir faire chaque année, aux beaux jours, une randonnée cyclotouriste de plusieurs jours, préparée par le groupe, pour découvrir une région à vélo. Le voyage est organisé pour permettre aux non-cyclistes, conjoints notamment, d'avoir leur propre programme d'excursion, et à tout le monde de se retrouver dans les gîtes et aux tables prévus chaque soir. Là encore, ce qui est vrai pour le vélo l'est également pour la randonnée, à pied ou à cheval, en moto ou en voiture... Et cela se prépare dans la durée.

Efficace, n'est-ce pas : imaginez autour de cela quelques rencontres amicales avec les conjoints : je peux vous assurer que tout cela fonctionne bien et fait des retraités actifs, heureux et en forme !

Certains iront un cran plus loin et investiront un peu d'argent, avec l'appui de spécialistes, dans des affaires nouvelles. L'activité de « *business angel* » peut se décliner à tous les niveaux et permettre, au-delà de l'argent qu'on y investit, de travailler en groupe à l'éclosion de l'entreprenariat, grâce à votre expérience et à vos conseils, sans être obligé de créer votre propre affaire ! Les contacts noués dans votre vie professionnelle peuvent vous aider, en fonction de votre profil et de vos moyens, à repérer les opportunités, et les structures d'accueil.

Écrire le script – Développer quelques premiers scénarios du « film »

En même temps que nous réunissons ce que seront les ingrédients du succès, il faut commencer à concevoir ce qu'en sera l'articulation.

Le préalable : créer une nouvelle relation avec le temps

Je ne veux pas uniquement stigmatiser à ce niveau l'erreur classique qui est de vouloir courir le marathon à 65 ans dans le même temps qu'à 35...

Il s'agit clairement de changer notre relation au temps. Cela constitue un préalable nécessaire à la mise en place de notre plan d'occupation et renforce le sens du nouveau départ que représente l'accès à la retraite. Nous reviendrons sur ce sujet central, mais il nous faut l'avoir dès à présent à l'esprit pour progresser au mieux dans notre démarche.

Dès à présent, prévoyez « d'apprendre » à prendre conscience du « vrai » temps qui passe et le savourer. Lire les journaux, prendre le temps de lire, marcher, flâner, penser, savourer le temps qui passe sans considérer que c'est du temps qu'on perd... Ce qui pouvait paraître accessoire dans le cadre d'une vie dominée par le temps professionnel peut devenir essentiel dans votre nouvelle vie personnelle.

C'est une partie difficile pour ceux qui ont toujours fonctionné « contre la montre » : il faut accepter d'inverser la consommation du temps, de le faire durer, de ne pas trop programmer mais d'y passer du temps...

Cette démarche est assez similaire à celle que nous impose les spécialistes de la voix lorsqu'on la force et l'abîme en parlant mal et trop vite (« laryngite de forçage ») : il s'agit d'apprendre à maîtriser la vitesse d'élocution, à freiner la déferlante des mots pour les dire au rythme de ce que permettent les cordes vocales, sans forcer... Il s'agit de prendre mieux conscience du mécanisme physique de l'expression pour ralentir la diction et bâtir l'harmonie du son, à son rythme, sans effort. Gérons le temps sur ce mode d'équilibre, et nous retrouverons beaucoup de sensations et de plaisirs de périodes anciennes où nous avions le temps de prendre le temps !

Concrétiser l'objectif : se donner des résultats à atteindre – plan d'actions et priorités

Il est maintenant temps de nous donner quelques objectifs, pour nous permettre de construire l'édifice. Inscrivons-les sur le long terme pour ne pas nous préparer à courir un 100 mètres au lieu du marathon que constitue de plus en plus souvent la troisième partie de l'existence...

À titre d'exemple, je vous propose de partager les grands objectifs que je me suis donnés pour ma retraite, et que j'ai essayé de formaliser dans les cent derniers jours de mon activité professionnelle.

Objectif n° 1

Profiter de l'existence et des moyens que ma vie professionnelle m'a permis de réunir. J'ai programmé de pouvoir me partager physiquement entre la Bourgogne et le Var, auxquels je suis très attaché. J'ai prévu de répartir mon temps entre ces régions, d'y domicilier les activités les plus appropriées à chacune d'entre elles, et créer un rythme de voyage propice au « ressourcement ».

Objectif n° 2

Reprendre la plume et écrire le ou les livres différé(s) tout au long de ma vie professionnelle, faute de disponibilité de temps et d'esprit… J'ai planifié de rédiger un nouveau livre de management dans le prolongement de ceux que j'avais pu écrire à une période de ma vie professionnelle, en matière de gestion des organisations (voir bibliographie en page 165), puis de satisfaire le vieux rêve d'écrire un roman dont l'action se passe en Afrique, dont j'ai retardé l'écriture pendant... 30 ans.

Objectif n° 3

Reprendre ma progression technique au golf, que je n'ai jamais réussi à bien organiser au temps de mon activité professionnelle, et découvrir la randonnée organisée, pour pousser plus loin le goût de la marche que j'ai eu toute ma vie.

Objectif n° 4

Comme une cerise sur le gâteau, mais sans que ce soit une obligation absolue, je me donne pour cible de pouvoir proposer, dans une démarche très sélective, mes services en qualité de consultant, sans tomber dans le défaut de reproduire en petit ce que j'ai fait en grand tout au long de ma carrière... J'ai gardé des contacts avec deux ou trois personnes susceptibles de faire appel à mes services pour animer des actions correspondant au meilleur de ce que j'ai pu faire pendant ma vie professionnelle (conception et animation de conférences et d'événements de toutes tailles, en France et à l'international notamment...).

Le côté pratique ■

Pourquoi ne pas commencer à remplir votre propre tableau de bord ?

Regardez de nouveau le schéma type qui vous est proposé en annexe, page 161.

Ce chapitre peut vous permettre de mettre en place vos objectifs de retraite, qui vous seront utiles pour exploiter à plein la suite de notre démarche (projet 1, projet 2, projet 3...).

N'ayez pas peur de prendre des notes au fur et à mesure de votre lecture et de votre réflexion.

Commencez à structurer un plan d'action écrit, autour des thèmes cités ci-dessous, dont les mots clés pourraient commencer à remplir la case correspondante :

- objectifs, résultats (quoi ? quand ?) ;
- moyens (comment ?) ;
- fournisseurs, clients (de qui, avec qui, pour qui ?) ;
- suivi (comment cela marche ? Est-ce fait ?).

Nous reviendrons bien évidemment sur chacun de ces points...

CHAPITRE 4

S'ÉQUIPER

Dans ce chapitre, nous vous proposons de recenser quelques éléments clés qui permettent de simplifier « la vie d'après » d'une part, et de favoriser les contacts qui vont accompagner votre projet d'autre part. Mettez toutes les chances de votre côté, en vous préparant au moment où vous avez encore tous les moyens de vous organiser correctement.

Gardons en tête – nous n'y reviendrons pas – que notre organisation ne sera pas la même selon qu'on choisit de vivre sa retraite là où on a vécu sa vie professionnelle, ou ailleurs. Dans le deuxième cas, selon qu'on s'installe au Maroc ou en Espagne, en Bourgogne ou en Bretagne, les conditions d'exercice de la retraite peuvent être différentes, en termes de logistique, de climat et d'impact de l'environnement sur la nature de nos activités.

Bâtir sa propre entreprise personnelle

Informatique

L'accès à sa propre informatique peut être un cauchemar quand on vient d'un milieu professionnel où une équipe de spécialistes maîtrise les systèmes d'information pour tous les salariés.

Internet constitue la partie émergée de l'iceberg que nous évoquons ici. Sa bonne utilisation peut représenter une valeur ajoutée considérable lors de l'entrée en retraite, grâce à l'accès qu'il donne à toutes sortes d'informations et d'échanges que nous avions l'habitude de collecter et de gérer via les différents réseaux qui nous entouraient. Pensons notamment à un terrain d'application qui nous intéresse au plus haut point à ce stade de notre réflexion : la connexion via Internet avec les réseaux utilisateurs de retraités, bénévoles ou pas...

En ce qui me concerne, les aspects liés à l'informatique auront été certainement la partie la plus périlleuse de mon accès à la retraite, et je ne regrette pas le temps que j'ai passé sur ces questions avant de quitter mon environnement professionnel, pour éviter des erreurs. Dans un monde où la qualité de la sécurité, de la sauvegarde des données, de l'accès à Internet sont complexes à maintenir dans la durée, avec les équipes d'expert dédiées à nos organisations professionnelles, devenir le maître de sa destinée dans ce domaine est un vrai défi.

Acheter le bon matériel, l'équiper des bons logiciels, prévoir les bonnes sauvegardes, la bonne maintenance, le contact de dépannage en cas de problème (*hotline*), le bon « consultant » pour régler les questions complexes (nombreuses quand on n'est pas un spécialiste) rencontrées sur le chemin... sont des étapes essentielles à organiser avant de quitter la sphère professionnelle. Il faut absolument mettre en place la nouvelle démarche et prévoir assez tôt une période de recouvrement, pour faire des transferts utiles entre ancien et nouveau systèmes.

N'oublions pas de repérer l'ami qui peut être notre consultant, avant le passage du gué et ensuite régulièrement, en cas de besoin.

Téléphonie

La problématique peut être strictement la même... La gestion d'un téléphone portable est très différente selon qu'on a un contrat entreprise, professionnel (vie active) ou un contrat personnel (retraite), notamment en termes de synchronisation dans la gestion des fichiers, des contacts...

Adoptons la même démarche que pour l'informatique, de façon à garder l'identité, l'accès et l'efficacité de contacts qu'on avait dans notre vie professionnelle. Prenons un exemple très banal mais si important pour le maintien des contacts : il peut être souhaitable de garder le numéro de portable qu'on avait pendant sa vie active, géré dans le cadre d'un contrat professionnel, lorsqu'on arrête de travailler.

Cet exercice, qui prend du temps, est à mener avant l'interruption du contrat professionnel pour être possible. Sinon, gare aux conséquences ! Votre téléphone risque ne plus sonner si vous ne faites pas cette bascule.

Structure d'accueil de vos activités

La législation actuelle facilite l'exercice d'une activité professionnelle rémunérée, sans remettre en cause les avantages liés à la retraite. En fonction des possibilités et des devoirs que vous donne votre nouveau statut, il est important de savoir avec quelle structure juridique vous pouvez facturer d'éventuelles prestations et toucher des revenus. De même, il est important de maîtriser tout l'environnement fiscal lié à ce que sera votre nouvelle condition.

Le statut d'auto-entrepreneur permet, par exemple, à un nouveau retraité d'avoir le cadre d'accueil de son activité complémentaire, avec des obligations simplifiées, à la hauteur des revenus autorisés dans cette formule.

Autre élément important : on ne perd jamais son temps en vérifiant les éléments de sa couverture maladie (préretraite, retraite...). Votre régime de mutuelle doit notamment faire l'objet d'un examen particulier, car il cesse très souvent le jour de votre retraite, sauf cotisation volontaire.

Ce point est à réaliser absolument pendant que vous êtes encore en activité, au moment où vous avez encore les contacts qui rendent facile l'obtention des informations dont vous avez besoin.

Et il faut déjà penser, avant de sortir du flot de la vie active, lorsqu'on envisage de maintenir un niveau minimum d'activité professionnelle, à tout ce dont on peut avoir besoin pour être épaulé dans le cadre précité (secrétariat, même ponctuel ; locaux où on peut recevoir en cas de besoin, même si c'est un café qu'on aime bien...).

Imaginons que je souhaite développer demain par exemple une (petite) activité de consultant international, auprès d'entreprises localisées dans plusieurs pays. Je dois m'organiser pour être capable de gérer, en entrepreneur individuel, le contact avec l'ensemble des acteurs : secrétariat, organisation des conférences téléphoniques, organisation et lieu des réunions...

Bâtir sa mémoire

Le pire est de perdre tout ce qu'on gardait de façon automatique dans le passé, du fait de l'abandon de l'informatique et de la téléphonie professionnelles, dont on ne perçoit pas assez tôt combien elles gèrent des données personnelles tout à fait essentielles, ou du fait d'un tri mal fait de ses archives professionnelles et personnelles.

Il est impératif de prévoir, dans les dernières semaines de son activité, de trier et de stocker les données qui pourront être utiles dans le futur, en termes de réseaux et de référence aux meilleures réalisations, qui pourront resservir notamment.

Pour les archives électroniques comme pour les archives physiques, il est essentiel d'attaquer assez tôt un tri réfléchi de l'ensemble, pour les rendre utiles :

- avoir trop d'archives crée zéro valeur en termes de réutilisation (j'ai personnellement évacué 10 cartons de 20 kilos de mon bureau le jour de mon départ – c'est trop) et coûte très cher en surface de conservation et de stockage ;
- trier trop vite peut être un saccage ;
- un mauvais classement rend les archives inexploitables.

J'ai personnellement perdu, malgré ma très grande prudence et la bienveillance de mon employeur, tous mes mails et mes fichiers contacts, lors de l'arrêt de l'utilisation de mon informatique professionnelle au temps T, du fait d'une mauvaise programmation de la transition vers mon informatique personnelle.

Que de risques d'incompréhension de la part de relations professionnelles avec qui vous perdez tout contact, parce que cette partie de votre programme de transition n'a pas été bien gérée. Il faut beaucoup de temps et des hasards heureux pour reconstituer en partie ce patrimoine perdu ! Je citerai un exemple : je rencontre un soir, lors d'un colloque auquel j'assistais, le maître des lieux, relation professionnelle étroite de très longue date, qui s'étonnait que je n'aie pas répondu à son invitation par courriel pour un déjeuner amical de célébration de 30 ans de travail en collaboration. Le changement de mon adresse électronique, du professionnel au personnel, accompagné d'une mauvaise gestion de fichier, a failli me faire perdre, outre un déjeuner dans un des très bons restaurants parisiens, la confiance d'un ami. Tout cela doit se préparer à l'avance, pour éviter les mauvaises surprises.

On ne se répétera jamais assez sur ce thème : dans les cent derniers jours de votre vie active, veillez à donner votre adresse personnelle avant de partir... Prévoyez de ne pas fermer tout de suite votre boîte électronique professionnelle quand cela est possible, et faites un renvoi vers votre boîte personnelle. Gare à ne pas perdre vos amis pour des questions techniques ! De même pour le courrier professionnel : voyez comment vous pouvez organiser le transfert de ce qui vous concerne personnellement, comme vous l'auriez fait pour un déménagement !

Le côté pratique ■

Reprenons notre tableau de bord.

Nous avons inscrit grâce au chapitre précédent les objectifs (projet 1, projet 2, projet 3...) que nous pourrions réaliser au cours de notre retraite.

Continuons à déterminer, après la lecture de ce nouveau chapitre, et cela pour chacun des objectifs que nous avons répertoriés, les moyens que nous devons mettre en œuvre pour en préparer au mieux la réalisation :

- Comment ?
- Avec qui ?
- Avec quoi ?

Encore une fois, n'hésitons pas à prendre des notes pour fixer les idées qui nous seront précieuses dans la poursuite de notre démarche.

Nous progressons.

JOUER COLLECTIF : LE PARTAGE

CHAPITRE 5

PARTAGER SON FUTUR

Demeurer connecté doit être un leitmotiv. La progression vers la vieillesse, tant du point de vue sociologique que du point de vue psychologique, se caractérise par la tendance à l'isolement, si on n'y prête pas attention. La meilleure protection contre cette tendance, ajoutée aux besoins liés à la construction d'un projet d'activité bien articulé, est de consacrer du temps aux contacts que vous souhaitez privilégier. Quelle meilleure préparation que d'impliquer sa famille, ses amis, ses relations dans la construction de son avenir à ce stade, après avoir identifié ceux et celles qui partageront votre futur ou qui auront plaisir à célébrer avec vous le passage à une nouvelle vie ?

S'engager, en rendant public son projet

Le fait de pouvoir exprimer son projet, le partager avec les personnes susceptibles de le faciliter et/

ou d'en faire partie, ne peut qu'aider à le mettre en forme... C'est une sorte de prise d'engagement vis-à-vis de soi-même qu'on facilite, en prenant les autres à témoin en quelque sorte !

Personnellement, je crois beaucoup à la vertu du rendez-vous pris avec son entourage : c'est l'opportunité de puiser sa propre force dans l'énergie des autres, de respecter les engagements pris en les ayant partagé...

Cela sera d'autant plus facile que vous rendrez vos proches, votre famille, vos amis... acteurs dans la réalisation de vos projets.

Soignez les effets

Décrocher un diplôme, monter un nouveau cours à l'université, acquérir un niveau reconnu dans son sport favori, signer un livre ou des articles dans des revues ou des journaux, gagner des compétitions de jeux de société... Voilà des ambitions qu'on peut réaliser à tous les niveaux !

N'hésitons pas à donner un peu de panache à nos projets, dans la façon d'approcher le contenu des activités programmées. La retraite ne doit pas être synonyme de petites réalisations, de petites ambitions... Chacun à notre niveau, il ne faut pas avoir peur de s'étonner soi-même, en se donnant des objectifs ambitieux, à son égard, et pas uniquement ou pas forcément vis-à-vis des autres !

Sans exagérer, il est bon de soigner la mise en scène, de tenir compte de ceux qui nous côtoieront, d'interagir avec eux pour définir ses ambitions, pour renforcer les bonnes raisons de les réaliser au mieux.

Prendre date

L'enfer est pavé de bonnes intentions. On peut rêver de faire mille choses au cours de sa retraite, et la passer à reporter au lendemain ce qu'on aurait pu faire le jour même, faute de réflexion, d'anticipation ou de moyens. Pour bâtir un projet qui soit réalisable, il est essentiel de mettre des dates sur les réalisations programmées ! Par ailleurs, lancer un nouveau mode de vie se fait plus facilement quand on s'engage à plusieurs sur un calendrier, quand on le vit avec les autres...

Gérer la clarté

Ce qui se conçoit aisément s'exprime clairement. Pour que notre entente avec les autres dans la construction de notre projet soit effective et ne crée pas de confusion, veillons à exprimer notre projet en toute clarté : rester simple dans son expression est certainement un gage de réussite.

Pour illustrer les propos de ce chapitre, j'aimerais partager avec vous le témoignage d'un ancien dirigeant d'entreprise et ancien « *senior partner* » d'une grande firme d'audit et de conseil, spécialiste de la grande distribution et des produits de grande consommation, dont le modèle de retraite « active » me paraît exemplaire dans son inspiration et dans sa réalisation, même si nous n'avons pas forcement tous l'envie de pousser aussi loin la perfection de l'organisation mise en place pour arrêter notre première vie, professionnelle.

ACTIF POUR LA VIE : MODE D'EMPLOI

« A 59 ans, j'ai déclenché le changement que j'avais médité de longue date et préparé sérieusement.

Retraite active ? Il est vrai que je travaille plus qu'avant, mais sur un modèle complètement différent.

J'ai tout d'abord fait le choix de passer du rôle d'"executive" (opérationnel) à celui de "non executive" (conseiller) dans toutes mes activités, à part l'associatif. Mon choix de devenir conseiller plutôt qu'opérationnel constitue une différence fondamentale dans le mode de vie.

La sélection des activités que j'ai décidé d'avoir a été orientée par mes domaines de compétence :

- *le choix de l'action associative que j'ai fondée en France puis développée, fondé sur la connaissance des secteurs où elle puise sa raison d'être (le don en nature), maintenant reconnue comme un intervenant majeur dans le domaine de la solidarité ;*
- *le réseau d'activité que j'ai développé en Asie, dont j'ai toujours été un habitué ;*
- *les mandats d'administrateur que j'ai acceptés, dans des secteurs d'activité où j'ai opéré tout au long de ma vie professionnelle ;*
- *le choix de travailler avec des jeunes à chaque fois que c'est possible, après avoir vécu dans une organisation où la moyenne d'âge des collaborateurs est de 29 ans. Ce souhait s'est notamment concrétisé par mes interventions régulières dans le domaine du "private equity", où je conseille régulièrement des professionnels, dans les secteurs d'activité que je connais bien. Ils sont, souvent, de la génération de mes enfants, ce qui ne gâche rien !*
- *je vis en fait une agrégation de métiers à temps partiel, qui s'organise assez bien entre eux, compte tenu de leur nature et de leurs calendriers spécifiques, très complémentaires.*
- *je tiens un suivi de mes occupations, me permettant de comparer régulièrement le temps investi dans chacune d'entre elles avec leur retour en matière de satisfaction tant pour mes partenaires que pour moi. Mais mon vrai moteur réside*

> *dans le fait d'avoir de l'impact dans ce que je fais. J'arrive quand même à dédier 38 jours par an à mon sport favori. Je gère pour cela le temps différemment, notamment en utilisant le "*reverse commuting*", en organisant mes activités à partir du Sud l'été et de la montagne l'hiver.*
>
> *Mon conjoint et moi-même avons vérifié et organisé ensemble la compatibilité de nos organisations, pour en faire un atout dans notre deuxième vie.*
>
> *Aujourd'hui, à 65 ans, je suis prêt à organiser ma troisième vie, avec plus de sport, plus de loisirs, plus de calme... »*

Il est temps d'aborder une démarche clé : celle qui consiste à faire de son conjoint l'allié dans cette nouvelle tranche de vie !

Répondre aux attentes d'un allié essentiel : le conjoint

La préparation de votre retraite mérite que vous y associez pleinement celui ou celle qui vit à vos côtés.

Je me souviens de ma mère, artiste peintre, habituée à des journées de concentration sur son art, dans son atelier, à la maison. À 60 ans, mon père radiologue décide d'arrêter de travailler, notamment pour des raisons de santé. Grand travailleur, il attaquait sa journée à 5 heures et arrêtait rarement avant 20 heures. Ma mère, âgée à l'époque de 55 ans, voit subitement mon père envahir son quotidien, après 35 ans de vie organisée autour de l'activité professionnelle de chacun.

Personnellement, avant de décider d'arrêter de travailler, j'ai passé dix ans à voyager à l'étranger un minimum de trois jours par semaine, dans le cadre de mes responsabilités internationales. Un beau matin, je suis présent du matin au soir 7 jours sur 7, pour la vie.

Dans tous les cas, il paraît indispensable de discuter, avant de prendre un nouveau départ, les attentes et les craintes de son conjoint, et de l'associer à notre réflexion.

Combien de petits (ou de plus grands) malheurs résultent de la mauvaise prise en compte d'un nouvel équilibre nécessaire entre vos aspirations et celle de votre compagnon ! Jetons un œil sur les statistiques de divorces pour vérifier que cette période n'est pas exempte de risques. Si on compare les divorces prononcés en 2005 par rapport à ceux prononcés en 1995, soit dix ans avant, comme nous le montre l'extrait des tables de l'INSEE disponibles à ce jour (voir encadré en page 96), l'augmentation du nombre de divorces sur cette période est proportionnellement plus importante à partir de 30 ans de mariage.

Nombre de divorces prononcés, selon la durée du mariage : 2005 par rapport à 1995

ENSEMBLE :	**+ 27 %**
5 ans de mariage	+ 45 %
10 ans de mariage	+ 27 %
15 ans de mariage	+ 9 %
20 ans de mariage	– 10 %
30 à 34 ans de mariage :	**+ 79 %**
35 à 39 ans de mariage	**+ 101 %**
40 ans de mariage et plus	**+ 79 %**

(Sources : ministère de la Justice – Insee – France entière)

Yvon Gattaz, dans son ouvrage *La Seconde Vie* [1], indique que le nombre de divorces de personnes de plus de 60 ans a presque doublé en quatre ans, passant de 10 578 en 2004 à 18 573 en 2008.

La retraite, bien préparée avec son conjoint, peut pourtant donner un nouvel élan au couple. Il n'exis-

1. Bourin Éditeur, mars 2010.

te pas que des récits de désamour dans cette tranche de vie.

L'anticipation de la façon dont votre conjoint va vivre cette période est essentielle à la réussite de vos projets. Il existe d'ailleurs un cas de plus en plus fréquent qui nécessite une approche très spécifique : celui d'un décalage dans le temps du moment de la retraite dans un couple.

Comment faire quand l'un continue à travailler et que l'autre s'arrête ? Imaginez l'incidence de votre décision de vivre plus souvent dans votre région d'origine, auprès de vos amis du pays, si votre conjoint travaille encore cinq ans à Paris et que vous ne discutez pas avec lui de ce que pourraient être les grandes lignes de votre activité à venir, en termes de disponibilité, de voyage, de moyens financiers, de santé...

Il faut donc prévoir de mener assez tôt le diagnostic des points et des goûts communs, et vérifier que les choix qu'on souhaite développer respectent les goûts et les capacités de son conjoint. L'élaboration à deux du projet de vie personnelle constitue l'étape suivante et doit être considérée comme un point de passage obligé si on ne souhaite pas prendre le risque de rendre malheureuse l'une et/ou l'autre des parties.

Et cela peut prendre la forme d'une sorte de contrat, permettant de respecter les souhaits et attentes de chacun dans la durée.

Tout cela s'anticipe et les cent jours sont une période tout à fait privilégiée pour prendre des décisions à deux qui vont vous permettre de gérer les nouveaux déséquilibres à venir.

Je vous propose de partager les réflexions d'une de mes amies sur ce thème général. Femme très active, manager d'un ordre professionnel au plus haut niveau, elle évoque la retraite de son mari, lui-même ancien cadre dirigeant d'une grande société de services, et de ses incidences sur leur vie quotidienne...

« ACTIF ET RETRAITÉ AU SEIN D'UN COUPLE : MODE D'EMPLOI »

Entretien avec une femme active dont le conjoint vient de prendre sa retraite

Les réflexions d'ordre général

« Il faut distinguer le scénario de la femme active dont le conjoint prend sa retraite et celui de l'homme actif dont la conjointe prend sa retraite : en qualité de femme active, avec un époux qui a pris sa retraite, je pense qu'il y a des aspects spécifiques à cette situation, qui diffèrent de ce que peut être la vision d'un homme actif le jour où sa femme prend sa retraite.

La retraite ne tombe pas du jour au lendemain : il faut en parler avant et on évite ainsi beaucoup de surprises. La retraite constitue de toute évidence un chan-

gement dans la vie du couple : des efforts sont à faire des deux côtés.

La perception et les effets de la retraite vont aussi dépendre de la position du conjoint actif par rapport à la décision de retraite de son conjoint : j'ai poussé mon conjoint à prendre sa retraite, compte tenu des changements importants qu'il allait vivre dans sa vie professionnelle ; je dois en tenir compte dans ma façon de l'accompagner dans sa démarche.

Attention enfin à éviter les surprises sur le chapitre financier... Quand on est deux à gagner de l'argent et à le dépenser, selon des conventions bâties avec le temps, il ne faut pas oublier de revisiter les éléments d'équilibre au moment où le revenu de l'un change de nature... »

Quelques bonnes surprises dans la vie de tous les jours

« On découvre, chez soi et chez l'autre, de nouveaux comportements, avec leurs avantages, mais aussi leurs contraintes. On fait plus ensemble, et l'organisation est plus fluide : mon conjoint fait des choses qu'il ne faisait pas avant et qui améliorent ma vie de femme active... Des petites choses, comme la réception des livraisons, la présence lors des relevés de compteurs d'eau et d'électricité, changent la vie. »

Les zones à risque

« Il faut tenir compte du conjoint, ce qu'on fait moins quand les deux époux sont actifs et surbookés : il faut planifier, s'organiser, pour pouvoir faire son métier correctement tout en tenant compte de l'autre. Les appels fréquents du conjoint retraité au conjoint actif, pour savoir comment faire les choses, où elles sont, si elles sont bien faites, ne tombent pas toujours au meilleur moment... J'appelle mon conjoint deux fois par jour pour anticiper d'éventuels appels pendant que je suis en réunion, en fin de matinée et en milieu d'après-midi, pour gérer cet inconvénient.

Il faut rendre les agendas compatibles : il existe une difficulté réelle pour celui qui reste actif d'avoir la souplesse d'emploi du temps et d'horaire. Tout cela implique beaucoup de discipline de la part de celui qui continue à travailler, plus que quand les deux travaillent...

Il faut aussi assumer les changements d'habitude liés à une plus grande présence du conjoint retraité à la maison : mon mari y fait beaucoup de choses, mais pas forcément comme je les faisais. De plus, il est en pleine forme : il a beaucoup de vacances et on a plein d'amis en retraite. Il lance facilement des invitations à voyager... Voilà qui m'oblige, ayant beaucoup moins de vacances par essence, à des arbitrages draconiens et permanents... Et il invite les copains à dîner sans forcément penser à la densité de mon emploi du temps ou à ma fatigue, et aux provisions nécessaires... Vive le congélateur !

Bref, le changement réside dans le fait que les choses ne se font plus comme avant, avec un partage qui n'est pas toujours bien défini... »

Des conseils pour celui qui prend sa retraite

1 – Dialoguer

« Toutes les décisions prises tout seul engendrent de vrais points de blocage potentiels. Le fait qu'on en ait parlé ensemble avant a permis dans la plupart des cas d'anticiper et d'éviter les problèmes. Prendre le petit déjeuner ensemble, quand on peut, avant que l'actif n'aille travailler. »

2 – Faire l'effort

« Trouver l'intérêt et les retombées pour le conjoint actif dans les nouvelles occupations : mon mari a, par exemple, installé l'Internet de mon père, et a aidé notre fils à implanter son nouveau cabinet. Mieux exercer son rôle de parent, vis-à-vis de ses ascendants comme de ses descendants.

Respecter l'horaire du conjoint qui travaille. Ne pas le mettre sous contrainte pour continuer ses activités. »

3 – Soigner la forme (le physique)

« Ne pas se laisser aller : la ligne ! Ne pas grossir, se raser tous les matins, s'habiller avec style. »

Des conseils pour le conjoint actif

4 – Dialoguer

« Il faut parler ensemble, préparer la retraite ensemble (le retour pour celui qui prendra sa retraite le deuxième n'en sera que plus grand et de grande qualité). »

5 – Faire l'effort

« Beaucoup de tendresse à l'égard du conjoint retraité ; être sympa ; créer un environnement protecteur.

Encourager les nouvelles initiatives. »

6 – Soigner la forme (emploi du temps)

« Gérer les agendas le mieux possible, ce qui est plus complexe que quand il y a deux actifs, qui n'essaient pas toujours de les rendre compatibles. »

Accompagner les différentes générations qui nous entourent

Beaucoup d'entre nous regrettent de ne pas avoir passé plus de temps avec leurs enfants, que trop souvent nous n'avons pas vu grandir, ou que nous avons croisés trop brièvement aux étapes clés de leur jeunesse, ou que nous n'avons pas pu accompagner avec toute l'intensité qu'on aurait souhaitée à quelques moments délicats de leur croissance.

Ce qui est vrai de nos enfants l'est aussi, avec une moindre acuité, pour les plus jeunes générations en général. Très souvent, on peut avoir le sentiment de ne pas avoir partagé toujours tout ce qu'on aurait pu avec tous ceux qui continueront à travailler pendant que nous serons à la retraite.

Nous avons beaucoup à apporter aux plus jeunes, qu'ils soient nos enfants, nos petits-enfants ou ceux de leurs générations. Le temps de la retraite représente le moment idéal pour le faire un peu, ou beaucoup, et toujours passionnément.

Dans ce cadre général de la relation avec les jeunes générations, vérifions assez tôt, avant de « lâcher le manche », que nous avons organisé au mieux tous les aspects de la transmission de notre savoir-faire et de notre patrimoine intellectuel.

Nous pouvons aussi apporter beaucoup à nos aînés, en commençant par nos parents, à qui nous pouvons offrir la contrepartie de ce qu'ils nous ont donné au cours de notre croissance.

Souvent, la vie fait que nous ne nous occupons pas toujours de nos parents autant qu'on aurait souhaité le faire. Lorsque nous arrivons à l'âge de la retraite et qu'ils vivent encore, ils ne sont évidemment plus tout jeunes et peuvent avoir besoin qu'on les assiste progressivement de plus en plus dans la gestion de leur quotidien et de leur patrimoine (quelle qu'en soit la taille). En ce qui me concerne, je n'ai jamais été un passionné de la famille en dehors de mon entourage immédiat. Le temps que je consacre à cette mission d'intérêt familial est pourtant extrêmement tonifiant. Il nécessite cependant de prendre des dispositions en termes d'organisation à prévoir assez tôt pour rendre compatible cet objectif avec d'autres, et cela sans ignorer le point de vue de votre conjoint.

Ce qui est vrai de nos parents peut l'être également pour les plus anciens en général. Et notamment lorsque nous n'avons plus nos parents, pourquoi ne pas apporter à d'autres le soutien que leurs proches ne leur apportent pas ? Comme pour les activités professionnelles ou de loisirs proposées aux seniors, il existe des associations qui permettent de concrétiser cet objectif.

Quel plaisir de savoir que nous avons fait ce qu'il fallait pour être les alliés des jeunes et des plus anciens dans le quotidien de notre retraite...

Réussir sa retraite avec les autres

Tous les développements qui précèdent illustrent la façon de ne pas être seul face à soi-même dans le troisième temps de la vie que constitue la retraite. Reprenons à ce stade de notre réflexion la démarche qu'il nous faut mener avant le nouveau départ pour jouer collectif, et pour gagner ensemble le droit à une retraite réussie.

Repérer les ambiances propices aux réalisations collectives

Repérons les activités dans lesquelles nous trouverons un appui naturel dans notre environnement, et identifions ceux qui seront nos alliés :

- pour les sports (vélo, randonnée, golf...), les loisirs (voyages...), la culture (cinéma, théâtre, opéra, expositions, événements...) : notre conjoint, nos amis, nos contacts...
- pour le bénévolat (associations, actions personnelles), les activités paraprofessionnelles (rôle régulier ou missions ponctuelles) : les bons réseaux...

Bâtir un projet collectif avec son entourage

Vous êtes maintenant prêt à bâtir votre projet sur le « nous » plutôt que sur le « je », à impliquer votre environnement à chaque fois que c'est possible. Et il ne faut pas hésiter à « ramifier », c'est-à-dire à faire prolonger votre action par celle de vos alliés auprès des leurs.

Vous consultez, vous échangez, vous testez vos projets :

- pour les sports : vous bâtissez le programme d'activité et de progression (vélo, randonnée, golf...) avec votre conjoint et/ou vos amis ;
- pour les loisirs : vous bâtissez votre calendrier de mouvements (géographie) avec vos contacts ;
- pour la culture : vous élaborez votre programme d'activités (y compris les abonnements) avec votre conjoint, vos amis...
- pour le bénévolat : vous choisissez votre cause, et le cadre d'accueil de sa réalisation ;
- pour les activités paraprofessionnelles : vous restez en vigie, vous échangez... avec les personnes du milieu professionnel avec qui vous avez souhaité garder le contact.

Et pourquoi ne pas intégrer l'entreprise dont on vient dans ce projet s'il existe des possibilités ? Au-delà de l'intérêt partagé de garder des liens, nous sommes nombreux à penser que les retraités d'une entreprise constituent une force de travail flexible, adaptable, de très grande qualité, qui peut aider un ancien employeur à garder le cap dans certaines périodes clés, au bénéfice de tous. Là encore, il est important de s'intéresser tôt à cette possibilité, pendant qu'on est encore dans l'entreprise, et en même temps qu'on bâtit son projet d'ensemble.

Réussir ensemble

En suivant la démarche proposée, vous faites de votre retraite un projet collectif, et vous concrétisez une envie de le réussir à plusieurs. Grâce aux autres, vous l'enrichissez, vous vous donnez les moyens de créer l'harmonie avec votre entourage, d'être bien avec les autres... Vous vous donnez la chance de réussir avec les autres...

Vous mettez en place les modalités d'une ambiance de plaisir et de complicité, qui permettront de faire partager les sensations positives à votre entourage.

Vous vous préparez à savourer et à fêter tous ces moments de réalisation collective, à saluer chaque jour qui passe et qui vous permet de vivre heureux, en forme acceptable, entouré.

Vous réunissez les moyens de positiver durablement.

Le côté pratique ■

En complément des notes que vous avez déjà prises, transcrivez toutes les idées et les actions qui vous sont venues à l'esprit à la lecture de ce chapitre, autour de la sélection des activités et des personnes que vous souhaitez y associer, des aspects de calendrier, de moyens à mettre en œuvre.

Essayez de les transcrire en langage simple dans le tableau de bord bâti sur le modèle qui est en annexe, en complément de ce que vous avez déjà noté, pour chacun des projets (projet 1, projet 2, projet 3...) et des chapitres qui les déclinent (Quoi ? Comment ? Avec qui ? Avec quoi ?...).

Votre retraite prend forme !

CHAPITRE 6

SABLER LE CHAMPAGNE

La fête a beaucoup de vertus ; au-delà de la joie qu'elle procure au moment de son déroulement, ses préparatifs et ses retombées constituent une forte valeur ajoutée.

Arrêtons-nous un moment sur l'intérêt de célébrer l'entrée en retraite, de tout faire pour que ce soit pour vous et pour les autres une nouvelle étape positive dans votre vie. Il est bon de fêter la fin de l'étape précédente, la sortie de la vie professionnelle, quand on le peut, et le plus longtemps possible. Et il ne faut pas hésiter à faire durer cette célébration, à l'étaler dans le temps.

Ce ne sont pas moins de huit manifestations, étalées sur six mois (un mois avant, cinq mois après), qui m'ont permis de rentrer en religion progressivement, sans compter les rencontres individuelles qui ont jalonné toute cette période.

Du côté de mon entreprise, en France, ont été successivement organisés un dîner de départ par mon équipe française, un verre de l'amitié avec beaucoup des gens avec qui j'ai travaillé, et une soirée d'hommage aux partants organisée par mes associés français.

À l'étranger, au cours de mes derniers voyages, j'ai eu le plaisir et l'émotion de participer à un dîner de départ à Stockholm, organisé par mon équipe internationale avec tous les responsables marketing et communication dont j'animais le réseau, lors de notre dernière rencontre de travail, puis à un autre dîner de départ à Londres avec tous les membres de l'exécutif international dont j'étais membre, et à un déjeuner de départ avec mes associés du comité exécutif européen d'une de nos divisions, à Stockholm de nouveau...

Du coté de Sciences Po : j'ai fêté mon départ avec les permanents de l'Association des anciens, à l'initiative de sa directrice générale lors d'un déjeuner réunissant toute notre équipe, et avec tous les administrateurs et présidents d'entités de l'Association, les responsables de Sciences Po et beaucoup d'amis de Sciences Po en général. Un déjeuner de départ avec le directeur de Sciences Po est venu clôturer l'ensemble de ces « célébrations ».

Célébrer le départ avant de décoller

La vertu des rencontres qui sont organisées, à notre initiative ou à celle des personnes qui nous ont côtoyés, est de pouvoir à la fois faire le deuil de sa période d'activité professionnelle dans les meilleures conditions, et de fêter son entrée dans une nouvelle vie. L'équilibre des deux préoccupations permet d'éviter la rupture brutale avec son passé et de prendre un nouveau départ sans heurts.

Ces rencontres permettent de remercier tous ceux qui ont fait partie de votre vie active, d'évoquer et de garder pour la vie le souvenir d'une vie professionnelle bien remplie. J'avoue que la présence de personnes qui ont participé à mes réalisations, à différents moments de mon parcours, heureux ou difficiles, m'a procuré une grande joie et m'a redonné la mémoire de ce qu'ont été des temps forts de ma vie active.

Ces rencontres permettent également d'exprimer au mieux, à tous ceux qui nous ont côtoyés, collectivement, les termes de notre entrée dans une nouvelle vie. Comme nous l'avons écrit dans le chapitre 5 (Partager son futur), c'est aussi une façon de concrétiser son engagement, de prendre date avec son entourage pour favoriser son nouveau départ.

Dans les deux cas, la fête permet de marquer l'événement, d'éviter toute confusion entre l'avant et l'après. Elle est une sorte d'achèvement positif de la vie active, bien terminée, et la célébration de l'entrée en retraite, qui commence dans les meilleures conditions.

Être fier de ce qu'on a fait

Il se dit beaucoup de choses, et il s'échange beaucoup de souvenirs et de cadeaux pendant ces rencontres. Au-delà du temps qu'il faut prendre pour célébrer cet événement, un accès réussi à la retraite passe par la fierté de ce qu'on a fait.

Au cours de ces rencontres, il faut savourer de s'entendre dire les bonnes choses (pas de fausse modestie !) et de se rappeler collectivement les réussites. On apprécie de pouvoir dire merci à ceux qui nous ont aidés à bâtir nos succès. On peut être conduit à échanger des photos, des vidéos, des témoignages, des cadeaux... qu'on prendra le temps de regarder en détail un jour, avec beaucoup de plaisir et un peu de nostalgie. Tout cela fait partie de la mémoire écrite qui permet d'avoir une histoire personnelle, et de revenir de temps en temps aux succès du passé, ce qui ne peut pas faire de mal...

La fierté de ce qu'on a fait, de ce qu'on a été, permet, à chaque fois qu'on y retourne, de puiser de l'énergie mobilisatrice. Mais il faut pouvoir y retourner, d'où l'importance du stockage des données, abordé par ailleurs dans le chapitre 4 (S'équiper)...

Mettre de son côté les alliés de demain

Ces rencontres nous donnent l'occasion de partager nos projets, de les faire progresser (de leur élaboration à leur explicitation), en invitant et en mettant notamment de notre côté les alliés dont nous avons besoin pour les étapes futures, toutes choses dont nous avons parlé dans les pages précédentes.

Que le champagne partagé marque le début d'une nouvelle ère, où on développera les ingrédients d'une bonne forme, avec de la joie, de l'humour, du rire, et le goût de la fête en général !

Le côté pratique ■

La mémoire écrite ne s'efface pas et vous permet d'enrichir tout le travail de réflexion que vous avez mené en amont de la lecture de ce chapitre.

Complétons nos notes et notre tableau de bord grâce aux remarques et aux observations stockées au cours de la lecture de ce chapitre.

Les projets s'affinent, le plan d'action se concrétise, les alliés se précisent. Les échanges que nous avons ou que nous programmons vont favoriser l'émergence de projets durables et bien outillés.

RÉUSSIR SA SORTIE :
LA TRANSITION

CHAPITRE 7

SAVOURER

Le temps avant tout

Comme nous l'avons déjà exprimé plusieurs fois dans cet ouvrage, la « reconstruction » du temps représente un aspect essentiel de la réussite du nouveau départ que constitue l'entrée dans l'âge de la retraite. Arrêtons-nous de nouveau sur cet aspect essentiel.

Nous sommes maintenant à un stade, dans l'élaboration de notre projet, où l'objectif doit être aussi de nous préparer à maîtriser le temps : il nous faut nous entraîner, intellectuellement dans un premier temps, à accéder à une nouvelle définition du temps qui passe et à l'apprécier.

Nous devons consommer le temps moins vite, « prendre le temps » du temps. Nous devons apprendre à organiser et à vivre intensément les pauses :

nous devons être heureux de ne rien faire de temps en temps, de regarder les gens, la nature et les choses, de lire sans limite de durée la presse et la littérature, de se reposer... Tout ce que nous ferons d'autre n'en prendra que plus d'intensité, au-delà du plaisir premier que nous ressentirons en retrouvant des impressions oubliées depuis longtemps, quand nous prenions le temps de regarder, d'écouter, de flâner... Je me surprends chaque jour à retrouver des sentiments issus de ce nouveau comportement très similaires à ceux que j'avais dans ma jeunesse, avant d'être embarqué par le tumulte et les ambitions de la vie adulte.

Apprenons à savourer chaque minute qui passe dans notre nouveau statut.

J'ai toujours été passionné de musique et je n'ai pas passé beaucoup de jours de ma vie d'adulte sans écouter, à un moment ou à un autre, des œuvres que j'aime. La retraite m'a permis d'agrémenter ce plaisir d'une lecture presque systématique de la documentation qui les entoure, pour mieux comprendre l'œuvre, son histoire, et mieux la savourer.

De même, j'ai souvent regretté de ne pas avoir assez de temps, ou d'organisation, pour faire une petite sieste en milieu de journée, me permettant de mieux étaler les moments de récupération. La retraite nous permet d'envisager cette redistribution du temps et un nouvel art de vivre...

Mais il faut aussi prendre le temps de faire les choses bien. L'importance du détail doit faire partie du plaisir ! Beaucoup d'entre nous ont passé la plus grande partie de leur vie active à faire faire beaucoup de choses par les autres, et notamment celles qu'on considérait comme les petites choses. La retraite nous donne l'opportunité de revivre la totalité de l'action, et de redécouvrir l'importance des détails, dont la réalisation doit faire partie du plaisir. Etre acteur de A à Z donne du piment à ce qu'on fait, et évite par ailleurs de se sentir orphelin de l'organisation qui nous prêtait main-forte lorsque nous étions assistés dans notre démarche professionnelle.

Dans le respect de ce temps retrouvé, nous devons vérifier que nous ne provoquons pas la surchauffe pendant les premiers mois de notre retraite. Prenons le temps de faire les choses, de monter en puissance progressivement, en reportant bien volontiers au lendemain certaines choses dont on a le sentiment qu'on pourrait les faire le jour même.

Prenant mon cas personnel, rebâtir une relation nouvelle avec le temps m'a paru constituer l'un des principaux défis de la période qui précède l'entrée en retraite, quand on a dédié toute sa vie à la rationalisation du temps, à la course contre la montre.

S'aimer dans son nouveau « statut »

L'autre défi lié à cette mutation est de pouvoir conserver l'estime de soi : il faut se préparer à s'aimer dans son nouveau statut pour réussir ce nouveau départ que représente l'entrée en retraite.

Arrêtons-nous un moment sur une réalité qui frappe de façon significative la population des jeunes retraités : la dépression.

Combien de retraités avec qui j'ai pu discuter ces derniers mois m'ont indiqué qu'ils étaient passés par une période psychologique difficile, ayant donné lieu dans un certain nombre de cas à un suivi médical, pour avoir très mal supporté l'entrée en retraite. Très souvent, les conditions de sortie de la vie active et d'accès à la retraite étaient à l'origine d'un mal-être profond, d'une absence d'estime de soi dans ce nouveau statut. Dans la plupart des cas, les personnes concernées n'étaient pas préparées à affronter leur nouvelle disponibilité, leur nouveau mode de relation avec la société, leurs amis et leur conjoint, et n'avaient pour seul référentiel que ce qu'était leur vie avant la retraite. Combien de fois ai-je entendu l'affirmation que la retraite n'était pas la meilleure chose qui leur soit arrivée, et que toute proposition d'activité professionnelle intéressante serait examinée avec plaisir…

Je dois reconnaître que moi-même, tout en ayant travaillé très sérieusement la construction d'une retraite à vivre avec enthousiasme, j'ai ressenti à certains moments une forme d'inquiétude par rapport à cet état, cependant vite balayée par la ligne de force générale que je m'étais donnée pour cette période.

Si vous êtes résolument tourné vers le futur, deux choses peuvent vous aider considérablement : identifier les plus mauvais moments de votre vie passée, et avoir les bons moments en référence, sans pour autant vivre dans les souvenirs.

Des études récentes [1] confirment que les facteurs liés à l'activité professionnelle, comme la tension au travail, la pénibilité, la pression psychologique, et le déficit de reconnaissance, constituent les plus grandes causes de détérioration du bien-être, devant d'autres facteurs que sont le repli social (souvent lié à notre état psychologique), l'isolement (souvent lié au manque de confiance en l'avenir), l'environnement personnel ; l'hygiène de vie (alimentation, sport) et l'état de santé.

Il s'agit de faire son bilan personnel sur ses questions essentielles pour alimenter le plan d'action que ces pages doivent nous aider à bâtir, en inversant notamment l'impact des facteurs cités dans le paragraphe précédent, sur notre bien-être, et bâtir l'accompagnement de notre changement de statut :

- avoir conscience des bienfaits qui résulteront de la disparition de la tension professionnelle, de la pression psychologique, du déficit de reconnaissance ; il est utile d'exprimer ce que seront les gains de satisfaction et de confort de vivre en la matière ; il faut éviter de redonner, dans le temps de la retraite, de l'importance à

1. « Enquête sur l'état de santé des salariés en France » publiée en décembre 2010 par le groupe de protection sociale Malakoff Médéric.

tout ce qui pourrait s'apparenter aux facteurs négatifs cités précédemment... Il est essentiel de ne pas rebâtir, sous motif des risques liés à la rupture que constitue l'accès à la retraite, des placebos qui perpétueront la fatigue et le stress que nous connaissions dans la vie au travail ;

- programmer la remise au meilleur niveau des facteurs de bien-être auxquels on a porté moins d'attention au cours de notre vie professionnelle, et notamment le lien social, l'hygiène de vie (sport, alimentation) et l'état de santé.

Nous avons porté attention à ces points dans les pages précédentes. Il faut être extrêmement vigilant à leur prise en compte. J'ai vu trop d'amis perpétuer au-delà de la vie active les points de performance qui caractérisaient leur activité professionnelle, et être malheureux d'une moindre reconnaissance et d'une moindre rémunération de ce qu'ils faisaient aussi bien avant la retraite ; et cela dans une solitude grandissante, faute de temps consacré à la construction d'un nouveau contrat social et d'un nouvel art de vivre.

Savourer l'accès à une nouvelle catégorie de résultats concrets

Profitons de cette séquence pour illustrer le cas de la retraite qui ne répond pas à ce qu'on en attend, du fait notamment d'une réflexion ou d'une programmation insuffisante pour préparer cette nouvelle période de vie.

Les objectifs à atteindre ne peuvent pas être les mêmes que ceux que nous avions au cours de notre vie active ; de même on ne peut pas gérer de la même façon pendant la retraite les activités, professionnelles ou de loisirs, qu'on avait pendant la vie active. À nouvelle situation, nouveau référentiel. Pour prendre un exemple qui m'est proche, mon père avait notamment décidé de profiter de sa retraite pour prendre plus de temps pour progresser au violoncelle et lire de la philosophie ; il ne s'était en fait jamais rendu compte qu'il passait déjà beaucoup de temps à ces deux activités pendant sa vie active, car il dormait peu (pour la philosophie) et avait créé les meilleures conditions de progression au violoncelle en ayant pour maître Roger Lœwenguth, violoncelliste du fameux quatuor du même nom, qui venait à la maison pour la leçon hebdomadaire (à la grande satisfaction de toute la famille, même si nous écoutions plutôt derrière les portes pour ne pas perturber la leçon), et en travaillant en conséquence pour être à la hauteur des attentes du professeur (séquences plus difficiles que la leçon avec le maître !). Organiser ces activités lors de la retraite pour aller plus loin n'était pas chose facile, d'autant plus que mes parents avaient décidé d'aller habiter en Dordogne ; je pense que mon père a été très déçu de ne pas pouvoir trouver dans la retraite un effet multiplicateur dans sa progression dans ces deux domaines. La désillusion à ce niveau a certainement miné sa satisfaction générale à être en retraite, l'a gêné dans la réalisation d'autres objectifs qu'il s'était fixés, et n'a pas facilité la vie de couple.

Le témoignage que nous reproduisons en page 141, dans le chapitre « Suis-je prêt à prendre le départ ? » constitue une autre illustration de l'insatisfaction qui peut résulter d'une préparation insuffisante de la retraite, en termes d'objectifs, de réalisations, de contacts, de satisfactions attendus.

Nous sommes mûrs à ce stade de notre réflexion pour imaginer, comprendre, exprimer et programmer ce que sera la différence avec « l'avant-retraite » :

- Quels seront les bons moments, les bonnes occasions, les bonnes rencontres que j'aurai envie d'apprécier ?
- Quelles sont les premières réalisations de retraite que j'aurai envie de concrétiser en conséquence ?

S'émerveiller de nouveau, comme quand on avait 20 ans, être maître du temps, amoureux de la nature ou de la vie en général...

Quel plaisir, lorsque je vis à la campagne, de regarder la nature en faisant le tour du jardin, de traquer la taupe qui bâtit sans relâche les petites pyramides qui transforment la prairie en potager, de ramasser le petit bois pour préparer une bonne flambée, de chercher des champignons : autant d'actes mineurs qui me donnent le temps de savourer le bon air et le bien vivre...

Quel bonheur, quand je suis à Paris, de pouvoir vivre cette ville comme si j'étais un étranger venant la visiter. Je découvre aujourd'hui, et je ne m'en lasse pas, la satisfaction de traverser Paris à pied, de marcher le long de la Seine, de traîner dans les vieilles rues du Marais, de prendre les vedettes-bus sur l'eau, de côtoyer les gens dans les marchés de la rue Poncelet ou de la place d'Aligre, de découvrir les petits restaurants du centre, de m'arrêter à une terrasse de café pour regarder un guide ou lire un journal. J'ai vécu à Paris 50 ans et je savoure aujourd'hui pour la première fois les mêmes plaisirs que ceux que m'ont procurés Londres, New York, Athènes, Istanbul, Oslo, Stockholm ou Copenhague lors de séjours touristiques. Il était temps de ne pas manquer cela ! Et je pourrais en dire autant de mes promenades dans Bordeaux, Marseille ou Dijon !

Revenons vers les nouvelles générations pour finir ce chapitre... Dans un sondage récent [1], les jeunes confirment qu'ils revendiquent, plutôt que du salaire ou des responsabilités, une organisation de la vie professionnelle qui leur permette de s'épanouir à côté de leur travail, sans sacrifier les petits bonheurs du quotidien. Comme eux, nous avons le devoir, pour profiter à plein de notre nouvelle vie, de bâtir aussi notre projet sur ces petits bonheurs du quoti-

1. Enquête IPSOS, 9 mars 2011.

dien, et de nous organiser en conséquence pendant les derniers jours de notre vie active...

Le côté pratique ■

Continuons à prendre des notes au fur et à mesure que nous avançons dans la définition de notre projet.

Voyons notamment ce que nous avons retiré de la lecture de ce chapitre, qui puisse venir influencer l'élaboration de notre tableau de bord, notamment au niveau des moyens que nous souhaitons mettre en œuvre, ou d'éléments venant compléter les projets que nous avons mis en forme, le processus que nous souhaitons utiliser ou les indicateurs de réussite que nous entendons utiliser.

Nous continuons par ce biais à préciser notre projet et ses conditions de mise en œuvre.

CHAPITRE 8

DÉCÉLÉRER POUR BIEN ATTERRIR

Les cent jours qui précèdent l'entrée en retraite doivent vous permettre d'organiser et de vivre la baisse de régime, en intégrant notamment le concept du temps revisité, la variation des moyens financiers que vous pourrez mettre en œuvre, la sélection des contacts qu'il vous faut absolument garder et la gestion de votre énergie en général, pour mieux construire votre futur.

Encore une fois, l'objectif est d'éviter la rupture : descendre en régime progressivement permet de gérer mieux la phase de transition, et de se préparer à franchir le cap dans les meilleures conditions.

Cela est vrai sur le fond et sur la forme.

Essayons de partager quelques orientations nous permettant de fixer les termes de la décélération indispensable à un bon atterrissage, en forme et en substance.

Sur le fond / la substance

Dans quelques semaines, vous aurez disparu de l'horizon et de l'écran radar des gens avec qui vous travaillez... Quelles sont les personnes avec qui vous souhaitez rester en contact, par goût personnel ou parce qu'elles font partie intégrante de vos projets ? L'identification de ceux qui seront vos contacts cibles vous permet d'être sélectif, en fonction des opérations auxquelles vous allez participer lors des derniers jours de votre vie active, et vous fera gagner du temps au moment où vous aurez beaucoup de choses à faire pour préparer le nouveau départ.

Vous avez mis en place votre succession ou vous avez contribué à le faire (on y revient dans le chapitre 9 [Conclure])... Parce que vous avez su installer les bonnes personnes et la bonne organisation pour vous succéder, vous prendrez la précaution de vérifier que vous donnez à cette nouvelle construction toutes les chances de fonctionner correctement, en vous mettant en retrait, en épaulant discrètement ceux qui prennent le relais, tout en disparaissant progressivement de la scène pour être totalement sorti le jour J. Ce scénario a le mérite de favoriser la réussite de votre successeur, de produire l'intense satisfaction liée à cette réussite, et de vous libérer progressivement du temps, si utile pour savourer pleinement l'accès à votre nouvelle condition.

Quel plaisir que de pouvoir intervenir en soutien d'un n°1 que vous avez contribué à rendre crédible, de l'installer, de l'épauler discrètement et de bâtir son plan de succès, en totale complicité avec lui.

Quel plaisir de pouvoir être très sélectif sur les dossiers sur lesquels vous intervenez, en prenant la précaution de ne jamais vous prendre la tête sur des questions dont l'échéance va au-delà de votre terme. Il est aussi plaisant de prendre le temps de transmettre ce que vous avez construit sur la durée.

Dans tous les cas, vous tirez un bénéfice immédiat de ces éléments en rationalisant votre emploi du temps, votre plan de charge, et en allégeant votre stress en conséquence. Vous aurez le temps de préparer les outils d'un accès réussi à la retraite.

Pour la première fois peut-être, vous aurez le sentiment de bien gérer votre plan de charge, avec une plénitude de jugement, une profondeur de vue et une satisfaction personnelle jamais atteintes jusqu'à présent. Cela laisse des traces toute sa vie et fait partie des conditions d'une retraite réussie, bâties avant même qu'elle n'ait commencé.

Sur la forme

En termes d'activité

Que vous ayez des droits à congés à récupérer avant de quitter l'entreprise, ou que vous soyez gestionnaire de votre propre activité, il est tout à fait essentiel de profiter du fait qu'il y a des congés à récupérer ou à prendre pour transformer vos conditions de vie professionnelle sur les six derniers mois. Mon conseil est de sauvegarder un quart temps pour préparer votre retraite.

En termes de moyens

Il faut être très vigilant et ne pas attendre le dernier jour de sa vie active pour étudier et mettre en œuvre le changement de braquet en matière financière. Les derniers mois de sa vie active ne sont pas de trop pour réfléchir aux reclassements de dépense, aux contrats, abonnements et cotisations à arrêter (dans des délais qui ne vous rendent pas prisonnier des préavis ratés...), et pour mettre en œuvre les conséquences de cet examen.

En matière de contrat, l'assurance automobile est un bon exemple. La fin de l'activité professionnelle et l'évolution des habitudes de circulation peuvent changer la nature des contrats à négocier avec son assureur.

En matière d'abonnements, pour ce qui concerne la presse, les revues et magazines, les calendriers sont rigides ; l'évolution de vos centres d'intérêt et le changement de priorité dans la mise à jour de vos connaissances doivent être accompagnés par une analyse précise de la nature et des échéanciers de vos lectures pour éviter les surcoûts inutiles...

Pour ce qui concerne les cotisations, pour les activités que vous pratiquez et les clubs dont vous faites partie, la même démarche doit être menée assez tôt. Vos points d'attache peuvent évoluer en fonction de vos nouvelles activités et il est inutile de payer le prix du passé quand on peut l'éviter...

Une anecdote à ce sujet. Ayant mené cette démarche avec un peu de retard sur certains éléments, et ayant pris du retard pour demander à un club prestigieux, dont j'étais membre depuis quinze ans, si je pouvais être mis en congé compte tenu de mon nouveau contexte de vie, alors que les statuts prévoyaient que la démission devait intervenir à une date déterminée, j'ai pris le risque de devoir payer ma cotisation pour une année supplémentaire, et avec une pénalité de retard de surcroît, compte tenu des temps de retour sur ma sollicitation. Pour une valeur ajoutée qui aurait été proche de zéro.

Le côté pratique ■

Nous avons noté au cours de la lecture de ce chapitre de nouvelles pistes d'action nous permettant de rationaliser progressivement notre activité sur les dernières semaines de notre vie active, au bénéfice du succès de notre retraite.

Avec le souci d'être sélectifs, nous avons renforcé notre identification d'acteurs clés, propres à favoriser nos projets de retraite, nous avons identifié le moyen de ne pas nous disperser dans l'action, nous avons jeté les principes du reclassement de nos investissements. De façon plus générale, nous avons continué à préciser l'approche et la mise en œuvre de conseils prodigués dans d'autres parties de ce livre. Vérifions, en parcourant notre tableau de bord, que nous intégrons ces données nouvelles dans les colonnes et les lignes qui définissent notre projet.

Nous sommes maintenant très avancés dans la construction de notre démarche.

CHAPITRE 9

CONCLURE

Il arrive un moment où il faut savoir conclure le passé, franchir le pas, prendre le départ, pour mieux attaquer le futur...

Une transition assurée

Nous avons vérifié, au cours des trois mois qui précèdent notre entrée en retraite, que nous avons mis toutes les chances de notre côté en anticipant cet instant, en construisant le ou les projets que nous souhaitons développer au cours de notre retraite, en nous équipant en conséquence, en impliquant toutes les personnes que nous souhaitions dans notre conception du futur, en célébrant à la fois la fin d'une longue période de vie et le début d'une nouvelle ère.

Nous avons pris le temps de nous projeter dans notre nouveau statut, pour en bâtir, tester et apprécier la dimension.

Nous sommes prêts psychologiquement à ne plus nous référer à notre passé pour vivre notre avenir. Toute notre attention est maintenant tournée vers le futur, le lancement et la réussite de nos projets, la réalisation de nos souhaits d'accomplissement et de progrès.

Une succession réussie

Un aspect essentiel de la réussite de l'entrée dans la nouvelle phase de vie est d'avoir le sentiment d'avoir contribué à organiser correctement sa succession. Il en résulte un profond sentiment de réussite, une sérénité durable qui contribue très largement à franchir le cap avec douceur et à savourer son nouveau statut.

Personnellement, tout le temps que j'ai consacré à préparer et installer mon successeur chez pwc à l'international, notamment dans les derniers mois, m'a aidé à entrer moi-même dans mon nouveau statut avec aisance. Arrêtons-nous un moment sur cet aspect, qui me paraît essentiel pour prendre de la distance progressivement par rapport à la vie active et attaquer son nouveau destin sans nostalgie, quand c'est possible. Cet exercice n'a pas commencé dans les trois derniers mois de ma vie active (la mission de faire accepter mon successeur potentiel à la hiérarchie internationale a commencé plus tôt), mais son succès s'est bien matérialisé dans cette période. Travail en commun et consultation sur tous les sujets, avant la prise de décision, présentation de l'intéressé à toutes les occasions, et mise en valeur de ses réalisations passées, lorsque la succession a pu être annoncée, ont constitué le décor de mes dernières semaines d'activité. Le travail d'ambassade auprès des principaux décideurs pour les convaincre de l'intérêt de la succession envisagée, l'anticipation des problèmes que pouvait poser cette succession, notamment en termes d'évolution de statut, de responsabilités, de réactions de l'équipe en place autour de moi, a orienté mon quotidien, de même que l'organisation de la présence de mon successeur dans les points de rencontre un peu stratégiques, sa mise en avant progressive dans toutes les réunions. Au cours du dernier mois de mon activité, nous avons pu « inverser » le tandem, en permettant au futur nouveau responsable d'être celui par qui les décisions arrivent, sans que pour autant j'aie abandonné le manche ; toutes mes dernières contributions ont été officialisées par mon successeur, après avoir vérifié ensemble qu'on était en phase.

En fait, j'ai donné à mon successeur la possibilité de prendre progressivement mon relais dans un rôle qu'il s'est approprié d'autant plus facilement que je lui ai évité toute la période de découverte aléatoire, en le protégeant des pièges classiques liés à l'exploration d'un nouvel environnement... J'ai fait de sa réussite un beau point final à mon activité.

La même préoccupation gérée au niveau de l'Association des Sciences Po que je présidais m'a donné le même sentiment. Les trois derniers mois de ma présidence ont été notamment dévolus à l'introduction, la mise en ambiance et au soutien du candidat dont je pensais qu'il pouvait prendre mon relais à la présidence. Toutes les actions que j'ai pu mener pour convaincre, mobiliser et faire connaître des personnes qui me semblaient devoir faire partie de la nouvelle génération d'administrateurs, leur faire rencontrer le plus grand nombre de soutiens potentiels, mobiliser les adhérents pour qu'ils votent, notamment les plus jeunes, travailler ensuite auprès des nouveaux administrateurs élus pour leur permettre de mettre en œuvre beaucoup de nouveaux projets qu'ils apportaient dans la continuité des actions menées précédemment, m'ont permis de me sentir un peu membre de la nouvelle équipe. Et l'élection comme président de celui que je considérais comme le meilleur artisan du futur de l'Association m'a permis de décrocher en toute sérénité.

Ce qui est vrai en entreprise ou dans le monde associatif l'est dans beaucoup de scénarios de succession. Mener à terme la construction de son « après » permet de mettre un beau point final à sa propre carrière, sans regret, sans frustration, avec la fierté et la satisfaction du devoir accompli. On tourne la page, on passe à autre chose...

« Non, je ne regrette rien »

Pour paraphraser la chanson d'Édith Piaf, l'objectif est de nous mettre en condition pour considérer qu'une nouvelle vie commence...

Nous ne devons pas nous réfugier derrière la fatalité... Acceptons de faire le deuil du passé pour mieux attaquer l'avenir, mais vérifions une dernière fois que nous partons effectivement sans regret (ce qui nécessite un travail d'analyse) et que nous ne quittons pas la vie active avec le sentiment de ne pas avoir fait les choses que nous aurions dû faire et que nous ne pourrons pas faire dans notre nouvelle vie...

Assumons notre changement de statut, enterrons avec sérénité notre vie active, dans une démarche explicite, aboutissement du travail préparatoire qui constitue l'objet de cet ouvrage.

« Vingt fois sur le métier remettez votre ouvrage » (Nicolas Boileau) : il faut admettre à ce stade la possibilité de travailler dans un cercle vertueux. Si, au cours de cet examen, nous découvrons qu'il est des questions que nous n'avons pas bien abordées, des sujets que nous n'avons pas bien traités, il est encore temps de corriger le tir.

Pour être prêts...

Le côté pratique ■

La lecture de ce chapitre nous a permis de noter quelques points d'action, pour finaliser notre projet et son lancement.

Nous avons porté une attention particulière à tout ce qui nous permet de considérer que nous partons avec le sentiment du devoir bien accompli, sans regret, pour attaquer au mieux la nouvelle période de notre vie.

Après cette dernière validation, et après avoir regardé les dernières notes prises au cours de la lecture de ce chapitre, nous pouvons relire et finaliser notre tableau de bord, au niveau de nos objectifs et des moyens que nous mettons en œuvre pour les réaliser.

Nous allons enfin pouvoir vérifier que nous sommes prêts.

PRÊT ?

CHAPITRE 10

VOTRE BONNE ÉTOILE...

Nous sommes maintenant en mesure d'apprécier la qualité de la démarche que nous avons menée. Nous avons sélectionné nos projets et nous avons mis de notre côté toutes les chances de les réaliser correctement.

En relisant le plan d'action que nous avons mis en forme au fur et à mesure de la lecture de cet ouvrage, sur le modèle de celui que nous vous avons proposé en annexe, nous pouvons décider de notre degré de satisfaction par rapport au travail que nous avons effectué et, de ce fait, du degré de préparation de notre retraite...

Je vous propose de construire pour cela ce que devrait être un indicateur de bonne performance : « votre bonne étoile », en page 147. Elle vous permettra d'apprécier en un coup d'œil l'état de maturité et d'avancement de votre projet, et de le retravailler éventuellement pour en faire votre étoile du berger...

Soyons plus explicite...

La construction

Les huit thèmes que nous avons traités dans les chapitres de cet ouvrage, pour faire que les 100 jours qui précèdent la retraite en déterminent la réussite, constituent les huit branches de notre étoile, dont l'ossature se présente sous la forme illustrée dans le croquis n°1.

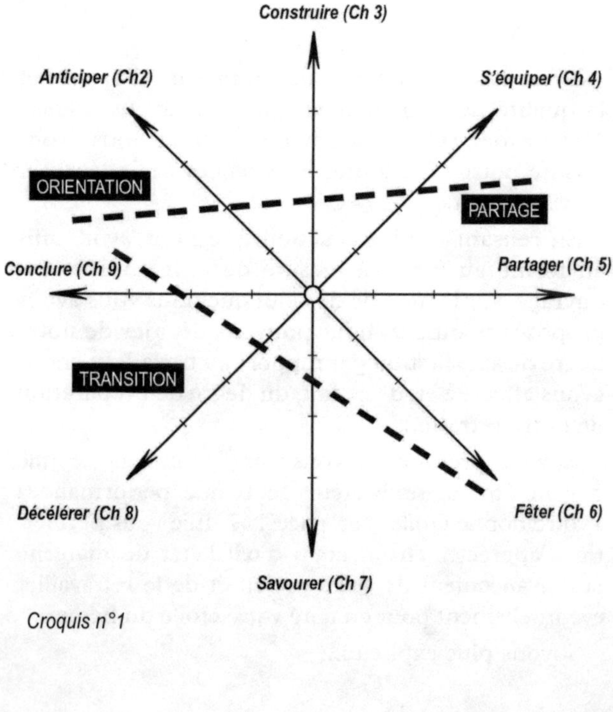

Croquis n°1

L'illustration

À la lecture de votre plan d'action, sur le modèle de notre tableau de bord, vous êtes en mesure de juger où vous vous situez en termes de préparation, sur chacun de ces huit critères, entre 0 et 100 %, selon le principe illustré sur le croquis n°2.

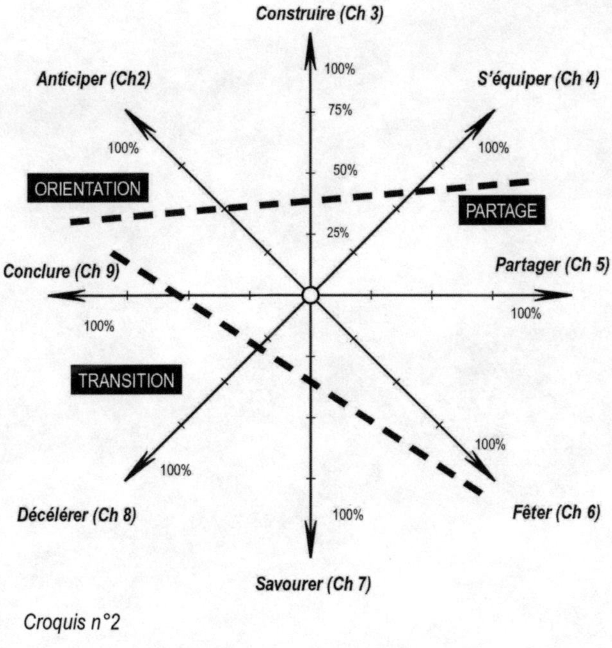

Croquis n°2

Sur la page 145, prévue pour que vous puissiez dessiner votre propre étoile, déterminez votre degré de préparation sur une échelle de 0 à 100 sur chacun des critères, et illustrez-le par un point sur chacune des flèches.

Cet exercice va nous permettre de dessiner notre étoile et d'en faire un outil de pilotage pour les prochaines étapes de notre action, en donnant corps à notre diagnostic, selon les indications données.

DESSINE-MOI UNE (BONNE) ÉTOILE

En suivant les recommandations qui vous sont données dans ce chapitre, dessinez votre propre indicateur de performance de votre bonne préparation à la retraite.

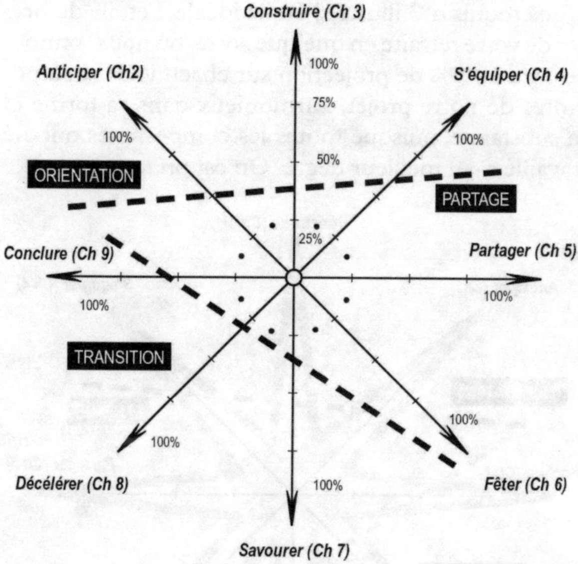

Mode d'emploi :

Quantifiez votre degré de préparation sur chaque critère, en le marquant par un point sur l'axe qui l'illustre, entre 0 et 100 %.

Reliez ensuite chacun de ces points aux ronds (•) qui l'entourent de chaque côté, entre chaque axe, pour dessiner votre étoile.

Le diagnostic

Nous sommes maintenant en mesure de comparer le diagnostic que nous venons de faire, l'étoile que nous venons de dessiner, avec quelques schémas types résultant d'observations courantes.

Le croquis n°3 illustre l'étoile idéale, l'étoile du berger de votre retraite en quelque sorte, où nous sommes de 75 à 100 % de projection sur chacune des composantes de notre projet, harmonieux dans sa forme et sa substance, puisque toutes les composantes ont été travaillées au meilleur degré. On est prêt.

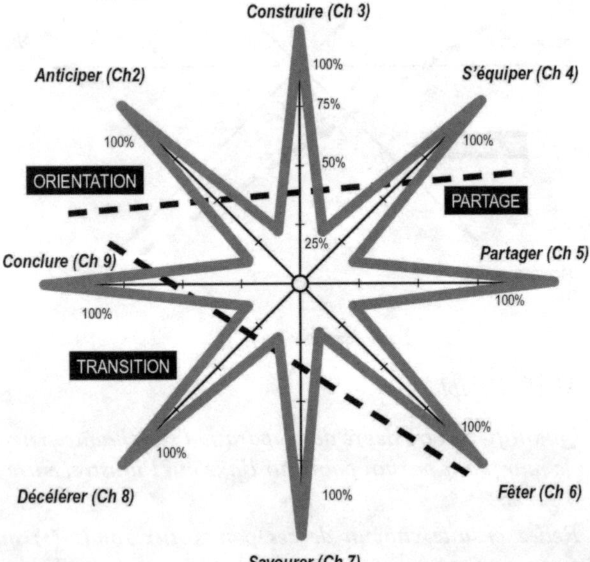

Croquis n°3

Le croquis n°4 illustre un projet bien préparé au niveau de son orientation, mais mal finalisé au niveau du partage et de la transition. Dans ce cas, on manque vraisemblablement de repères dans ces deux domaines et il est nécessaire de retravailler ces parties pour profiter à plein de notre travail préparatoire.

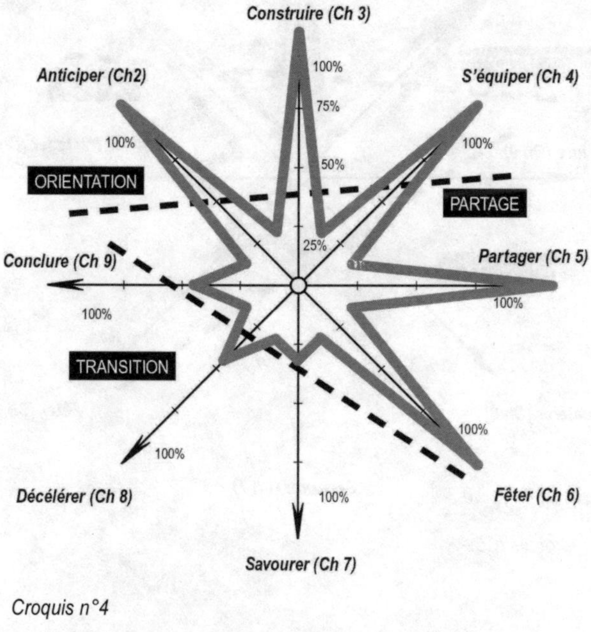

Croquis n°4

Le croquis n°5 illustre un projet bien préparé et bien partagé, mais mal réfléchi sur la période de transition. Il serait dommage de rater le passage à la nouvelle vie de retraité en ne réinvestissant pas un peu de temps pour se préparer à savourer, décélérer et réussir sa sortie de la vie active.

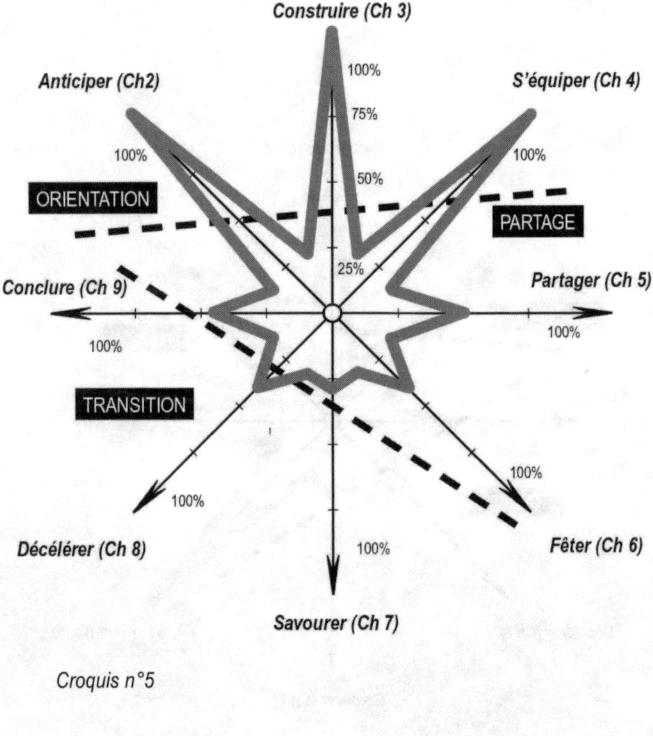

Croquis n°5

En fonction de la forme que revêtira l'étoile que vous aurez dessinée à la fin de ce parcours, en page 149, votre projet de retraite est prometteur, ou à compléter...

Votre étoile, avec sa forme spécifique, vous permettra de vérifier si votre projet vous satisfait, et vous donnera peut-être envie de retravailler les creux pour en faire votre « bonne étoile », votre guide pour les prochaines années.

Le côté pratique ■

Prenons le temps de relire nos notes, de compléter notre tableau de bord avant de coter le pourcentage de réalisation sur chacun des huit chapitres de notre réflexion/action.

Prenons le temps de dessiner notre étoile, en vérifiant que nous sommes objectifs dans la définition de l'état de notre préparation sur chacun des thèmes.

Puis prenons le temps de décrypter notre étoile, et de tirer quelques enseignements de cet examen en termes de degré d'achèvement de notre préparation. Il est encore temps de revenir sur les défaillances de notre plan d'action, et de le retravailler en conséquence.

Faisons en sorte que nous trouvions dans la lecture de cet indicateur, lorsque nous aurons fini de l'exploiter, la bonne étoile qui nous guidera dans la nouvelle vie que nous entamons.

CONCLUSION

Nous voilà au bout de l'étape de préparation de notre retraite que représentent la lecture de cet ouvrage et le travail qui l'a accompagné. Nous en avons profité pour bâtir un scénario plausible et nous donner les moyens de le mettre en œuvre, avant de perdre l'efficacité liée à notre exercice professionnel.

Je vous propose de revenir sur trois éléments clés pour favoriser l'accès à ce nouveau monde, lors des cent derniers jours de notre vie professionnelle.

Partir à temps

« Rien ne sert de courir ; il faut partir à point » : prenons le temps de revenir aux sources, et de relire *Le Lièvre et la Tortue* de Jean de La Fontaine (voir page 155), qui nous rappellera de surcroît notre jeunesse.

Encore une fois, une bonne retraite ne se bâtit pas en trois mois, mais les cent derniers jours de la vie active, comme nous avons essayé de l'illustrer dans ce livre, sont charnières pour mettre de son côté toutes les chances de réussite. Et nous avons finalement découvert que ces cent jours sont eux-mêmes la résultante de tout un enchaînement de cercles vertueux qui bâtissent les bons réseaux, les bons loisirs, la bonne santé, les bonnes relations familiales, la bonne finance... et tous les ingrédients qui alimentent une retraite heureuse.

N'attendons pas le jour J pour commencer à y penser ! La rupture ne pourra pas être bonne.... Et soyons très pratiques sur le calendrier et l'échéancier. Repousser le temps de la construction de l'après est l'acte le plus facile à gérer dans l'immédiat, le plus désastreux à assumer dans la durée...

Entreprenant et optimiste

La retraite doit être bâtie comme un nouveau grand projet. En aucun cas, il ne s'agit de vivre dans le souvenir, même s'il est bon, comme on l'a vu dans les pages précédentes, de stocker, comme le bon vin, quelques archives, et les consulter aux moments opportuns.

Nous aurons dix, vingt ou trente ans pour réaliser ce que nous avons décidé de faire pendant notre retraite… Cela donne du temps, à notre initiative, et de l'énergie, puisque nous en serons le maître, plus qu'avant.

Le risque lié à une retraite dominée par le souvenir, comme l'illustre si bien la très belle chanson de Léo Ferré *Avec le temps* est que le souvenir s'estompe progressivement, qu'on y perd tous ces points de repère et qu'on y gagne toute la tristesse liée à la destruction lente mais sûre des sentiments et des relations, et des formes physique et intellectuelle.

Ne bâtissons pas les termes d'une comparaison permanente de l'avant et de l'après. Préparons-nous à attaquer chaque jour qui passe dans une démarche de projet.

Acceptons de prendre le temps... Mais certainement pas pour oublier !

Être soi-même, par soi-même

Je voudrais terminer notre réflexion commune par un clin d'œil qui illustre une bonne partie de la différence entre l'avant-retraite et la retraite elle-même. Lorsque j'ai eu le plaisir de rencontrer Bertrand Collomb pour discuter de sa contribution à cet ouvrage, et qu'il me raccompagnait à l'ascenseur après notre entretien, il me demanda avec un grand sourire si le fait que je ne portais pas de cravate, alors qu'il ne m'avait jamais rencontré sans cet accessoire au cours de ma vie active, avait à voir avec la retraite. Ma réponse fut positive : une convention est tombée le 30 juin 2010, le jour de ma retraite, parmi d'autres, qui a renforcé, d'une façon toute symbolique, je le reconnais, mon sentiment d'être moi-même, par moi-même, plus qu'avant, dans ma nouvelle vie au quotidien.

Très bonne retraite.

Jean-Emmanuel Combes

Rien ne sert de courir ; il faut partir à point.
Le Lièvre et la Tortue en sont un témoignage.
Gageons, dit celle-ci, que vous n'atteindrez point
Si tôt que moi ce but. Si tôt ? Êtes-vous sage ?
Repartit l'Animal léger.
Ma Commère, il vous faut purger
Avec quatre grains d'ellébore.
Sage ou non, je parie encore.
Ainsi fut fait : et de tous deux
On mit près du but les enjeux.
Savoir quoi, ce n'est pas l'affaire ;
Ni de quel juge l'on convint.
Notre Lièvre n'avait que quatre pas à faire ;
J'entends de ceux qu'il fait lorsque prêt d'être atteint
Il s'éloigne des Chiens, les renvoie aux calendes,
Et leur fait arpenter les landes.
Ayant, dis-je, du temps de reste pour brouter,
Pour dormir, et pour écouter
D'où vient le vent, il laisse la Tortue
Aller son train de Sénateur.
Elle part, elle s'évertue ;
Elle se hâte avec lenteur.
Lui cependant méprise une telle victoire ;
Tient la gageure à peu de gloire ;
Croit qu'il y va de son honneur
De partir tard. Il broute, il se repose,
Il s'amuse à toute autre chose
Qu'à la gageure. À la fin, quand il vit
Que l'autre touchait presque au bout de la carrière,
Il partit comme un trait ; mais les élans qu'il fit
Furent vains : la Tortue arriva la première.
Eh bien, lui cria-t-elle, avais-je pas raison ?
De quoi vous sert votre vitesse ?
Moi l'emporter ! et que serait-ce
Si vous portiez une maison ?

Le Lièvre et la Tortue
Jean de La Fontaine

ANNEXES

VOTRE TABLEAU DE BORD

Nous vous proposons ici un schéma de tableau de bord, vous permettant de bâtir votre ou vos projets, constituant à la fois une sorte d'engagement, une main courante et une mémoire écrite...

La démarche qu'il concrétise, tout au long de la lecture de ce livre, commence par le diagnostic rapide de l'état de la préparation de son projet de retraite, se poursuit par la transformation progressive de ce diagnostic en plan d'actions, synthétisé dans les lignes et les colonnes de ce tableau de bord, qu'on remplit au fur et à mesure qu'on progresse dans cet ouvrage, en répondant à un certain nombre de questions...

Chaque chapitre permet de faire un point (« le côté pratique ») des sujets qu'on a essayé de traiter, en liaison avec le questionnaire initial, pour en transcrire les enseignements dans ce tableau de bord. Aussi, tout au long de votre lecture, le va-et-vient entre le test d'ouverture, les différents chapitres de ce livre, l'indicateur final (la bonne étoile) et le tableau de bord vous permet de transformer votre diagnostic en plan d'action pour les trois mois qui précèdent le grand jour du nouveau départ...

Le côté pratique ■

N'hésitez pas à monter un fichier sur un tableur, à partir de ce schéma, pour mettre en forme et en ordre de marche votre propre tableau de bord...

Les chapitres	Projet 1	Projet 2	Projet 3
A – Quoi ? Objectif recherché Résultat attendu			
B – Pour qui ? « Client(s) »			
C – Quand ? Calendrier			
D – Comment ? Process			
E – Avec qui ? « Prestataires(s) » Partenaires			
F – Avec quoi ? Ressources Moyens			
G – Est-ce en marche ? Indicateur de réalisation			
H – Est-ce fait ? Indicateur de « performance »			

TABLEAU DE CORRESPONDANCE
chapitres/ questionnaire/ tableau de bord

Chapitres ouvrage	Questionnaire (Questions page 44)	Tableau de bord (Lignes page 161)
FINALISER SON PROJET : ORIENTATION		
Chapitre 2 (anticiper)		
Instruction des dossiers de base	03 04 05	A B C **D** E **F** G H
Identification des alliés	02	A **B** C D **E** F G H
Chapitre 3 (construire)		
Définition du(des) projet(s)	01 09 10 11 12 13 14 15	(Colonnes, p. 161)
Mise en forme du plan d'action		**A B C D E F** G H
Chapitre 4 (s'équiper)		
Mise en place des outils	06 07 08	A B C D E **F** G H
JOUER COLLECTIF : PARTAGE		
Chapitre 5 (partager)		
Discussion du projet avec les acteurs amis	17	A **B** C **D E** F G H
Implication du conjoint	16	A **B** CD **E** F G H
Chapitre 6 (fêter)		
Célébrer le passage à une nouvelle ère	18	A B C **D E** F G H
Fier de ses réalisations		A B C **D E** F G H
RÉUSSIR SA SORTIE : TRANSITION		
Chapitre 7 (savourer)		
Prendre le temps		A B C **D** E F G H
Aimer son nouveau statut		A B C D E F **G H**
Chapitre 8 (décélérer)		
Congés pris	19	A B C **D** E F G H
Chapitre 9 (conclure)		
Transition organisée		A B **C D E** F **G H**
Succession assurée	20	A B C **D E** F **G H**
Deuil fait...		A B **C D E** F **G H**

BIBLIOGRAPHIE

ALBERT ALGOUD, *Carnet de retraite*, Chiflet et Cie, 2008.

SOPHIE BERNARD ET LAURENCE TREILLE, *Enfin la retraite. La préparer pour bien la réussir*, Jouvence (les maxi pratiques), 2008.

ANNETTE BERNARDI, *Faire des études après 60 ans*, L'Étudiant, 2008.

FRANKLIN BERREBI, *Au secours, je pars à la retraite*, Timée Éditions, 2009.

LAURENCE DE PERCIN, *Préparer sa retraite pour les nuls*, First, 2009.

MARIE-PAULE DESSAINT, *Petit guide de la retraite heureuse*, Éditions d'Organisation, Eyrolles Pratique, 2005.

MARC FREEDMAN, *The Big Shift : Navigating the New Stage Beyond Midlife*, Public Affairs Books, 2010.

HOWARD FRIEDMAN ET LESLIE MARTIN, *The Longevity Project*, Hudson Street Press, 2011.

YVON GATTAZ, *La Seconde Vie, Faire de sa retraite un succès*, Bourin Éditeur, 2010.

SOPHIE MUFFANG, *La Retraite. Pas si simple. Comment passer le cap*, Ellipses (Déclic'psy), 2009.

CHRISTIAN ROCHETTE, *Prenez votre retraite en mains*, Maxima, 2009.

SÉNÈQUE, *De la vie heureuse, De la tranquillité de l'âme*, Les Belles Lettres, 2005.

CHRISTINE VIGNERESSE, *Retraite : 9 étapes pour s'y préparer et bien la vivre*, Gualino Éditeurs, 2006.

ERNIE ZELINSKI, *L'Art de profiter de sa retraite*, Éditions d'Organisation, 2003.

DANS LA MÊME COLLECTION

parus

Xavier Fontanet,
Si on faisait confiance aux entrepreneurs.
L'entreprise française et la mondialisation, 2010.

Laurent Acharian,
Philippe Degonzague, Marc Gerretsen,
Les Cent Jours des dirigeants.
L'état de grâce existe-t-il dans l'entreprise, 2011

à paraître

Sylvie Gilbert,
Femmes d'altitude

Ce volume,
publié aux Éditions Les Belles Lettres
a été achevé d'imprimer
en septembre 2011
par l'imprimerie SEPEC
01960 Peronnas

N° d'éditeur : 7270
N° d'imprimeur : 05425110901
Dépôt légal : octobre 2011
Imprimé en France